出入境检验检疫法律基础教材题库

质检普法丛书

ZHIJIAN PUFA CONGSHU

Churujing Jianyan Jianyi Falü Jichu Jiaocai Tiku

国家质量监督检验检疫总局法规司 编

中国质检出版社
中国标准出版社

北京

图书在版编目（CIP）数据

出入境检验检疫法律基础教材题库/国家质量监督检验检疫总局法规司编．—北京：中国质检出版社，2015.2

（质检普法丛书）

ISBN 978-7-5026-4055-2

Ⅰ．①出…　Ⅱ．①国…　Ⅲ．①国境卫生检疫法—中国—习题集　Ⅳ．①D922.16-44

中国版本图书馆 CIP 数据核字（2014）第 234617 号

中国质检出版社
中国标准出版社　出版发行

北京市朝阳区和平里西街甲 2 号（100029）

北京市西城区三里河北街 16 号（100045）

网址：www.spc.net.cn

总编室：(010)68533533　发行中心：(010)51780238

读者服务部：(010)68523946

中国标准出版社秦皇岛印刷厂印刷

各地新华书店经销

*

开本 700×1000　B5　印张 12.75　字数 239 千字

2015 年 2 月第一版　2015 年 2 月第一次印刷

*

定价 **32.00** 元

前　言

普法是建设法治质检的重要基础性工作。为做好质检系统“五五”普法工作，2008 年 4 月国家质检总局组织编写了全国质检系统普法专用教材。教材的出版对增强质检系统干部职工法律素质和法治意识，提高依法行政能力和水平发挥了重要作用。为深入推进质检系统“六五”普法工作，在进一步梳理质检法律法规规章基础上，国家质检总局于 2013 年启动了普法专用教材的修订工作。

党的十八届四中全会对全面推进依法治国做出战略部署，开启了建设法治中国新航程。当前，以质检法律、行政法规为主干，以部门规章为基础，以地方法规规章为补充的质检法律规范体系已经初步建立。质检法律规范体系所确立的法定职责、行为规范和工作制度，为质检依法履职尽责，为质检事业的发展壮大，为坚定走中国特色质检之路奠定了坚实基础。强化质检普法工作是构建质检法治保障体系的重要组成部分，是推动质检法治实施体系高效运行的重要手段和措施。以贯彻落实四中全会精神为契机，经系统全面修改和完善，现正式出版《质检普法丛书》。

《丛书》吸收了社会主义法治研究的最新理论成果，对法律基础知识部分进行了更新，使法律基础理论与时俱进，理论常新；及时补充完善了近年来新颁布实施的质检法律法规相关内容，使质检法律制度内容更加全面和丰富。同时，基于教材内容组织编制了配套试题库，供质检系统领导干部法律知识测试，行政执法人员考试等选择使用，提升教材使用效能。

我们相信，教材修订是因时而需，应需而为。新版教材一定会为质检系统全面推进依法行政、依法治检，有效提高干部职工尊法守法用法的法治理念和法治思维做出应有的贡献。

编　者

2015 年 1 月

目　　录

第一篇　出入境检验检疫法律基础制度

第二篇　出入境检验检疫行政执法法律制度

第三篇　检验检疫相关法律制度

第一篇

出入境检验检疫法律基础制度

第一章　进出口商品检验法律制度

一、单选题

1. (　　) 主管全国进出口商品检验工作。

A. 商务部　　B. 国家质检总局

C. 国家发改委　　D. 海关总署

2. 国家质检总局应当制定必须实施检验的进出口商品目录并公布实施，此目录应当至少在实施之日(　　)日之前公布；紧急情况下，应当不迟于实施之日公布。

A. 15　　B. 20

C. 30　　D. 45

3. 出入境检验检疫机构对列入目录的进出口商品以及法律、行政法规规定须经出入境检验检疫机构检验的其他进出口商品实施检验被称为(　　)。

A. 抽查检验　　B. 法定检验

C. 司法检验　　D. 目录检验

4. 进出境的样品、(　　)、暂准进出境的货物以及其他非贸易性物品，免予检验。

A. 礼品　　B. 旧机电

C. 固体废物　　D. 成套设备

5. 出入境检验检疫机构对进出口企业实施(　　)管理，对实施许可制度和国家规定必须经过认证的进出口商品实行(　　) 管理。

A. 分类　验证　　B. 验证　注册

C. 注册　分类　　D. 验证　分类

6. 国家质检总局建立进出口商品(　　)机制，通过收集进出口商品检验方面的信息，进行风险评估，采取快速反应措施。

A. 风险管理　　B. 风险评估

C. 风险应急　　D. 风险预警

7. 法定检验的进口商品的收货人应当持合同、发票、装箱单、提单等必要的凭证和相关批准文件，向 (　　) 的出入境检验检疫机构报检。

A. 海关报关地　　B. 货物目的地

C. 卸货口岸　　D. 装运口岸

8. 海关放行后(　　)日内，收货人应当向出入境检验检疫机构申请检验。

A. 5　　B. 10

C. 20　　D. 30

9. 法定检验的进口商品未经检验的，不准(　　)。

A. 进口　　B. 托运

C. 销售、使用　　D. 通关

10. 法定检验的进口商品、实行验证管理的进口商品，海关凭出入境检验检疫机构签发的(　　)办理海关通关手续。

A. 货物报关单　　B. 货物报检单

C. 货物通关单　　D. 货物放行单

11. 国家商检部门、商检机构的工作人员徇私舞弊，伪造检验结果，情节严重的，处以五年以下有期徒刑或者拘役；造成严重后果的，处以(　　)。

A. 五年以上十年以下有期徒刑　　B. 五年以上七年以下有期徒刑

C. 三年以上七年以下　　D. 三年以上十年以下

12. 国家对进口(　　)实行装运前检验制度。

A. 可用作原料的固体废物　　B. 所有的旧机电产品

C. 机动车辆　　D. 易腐烂变质的食品

13. 为出口危险货物生产包装容器的企业，应当申请出入境检验检疫机构进行包装容器的(　　)。

A. 性能鉴定　　B. 使用鉴定

C. 外观鉴定　　D. 价值鉴定

14. 出口危险货物的生产企业，应当向出入境检验检疫机构申请危险货物包装容器的(　　)。

A. 性能鉴定　　B. 使用鉴定

C. 外观鉴定　　D. 价值鉴定

15. 对装运出口的易腐烂变质食品、冷冻品的集装箱、船舱、飞机、车辆等运载工具，承运人、装箱单位或者其代理人应当在装运前申请(　　)。

A. 法定检验

B. 抽查检验

C. 清洁、卫生、冷藏、密固等适载检验

D. 性能鉴定

16. 出口商品应当在商品的(　　)检验。

A. 生产地　　B. 目的地

C. 卸货口岸　　D. 装运口岸

17. 伪造、变造、买卖或者盗窃商检单证、印章、标志、封识、质量认证标志，构成犯罪，情节严重的，处(　　)。

A. 五年以上十年以下有期徒刑　　B. 五年以上七年以下有期徒刑
C. 三年以上七年以下　　D. 三年以上十年以下

18. 报检人申请复验可以在收到出入境检验检疫机构检验结果之日起(　　)天内提出。
A. 10　　B. 15
C. 20　　D. 25

19. 受理复验的出入境检验检疫机构或国家质检总局应当自收到复验申请之日起(　　)日内作出复验结论。
A. 20　　B. 40
C. 60　　D. 90

20. 对检验机构的检验鉴定业务活动有异议的，可以向国家质检总局或者出入境检验检疫机构(　　)。
A. 申请复验　　B. 投诉
C. 提出行政复议　　D. 提出行政诉讼

21. 将必须经商检机构检验的进口商品未报经检验而擅自销售或者使用的，由商检机构没收违法所得，并处货值金额(　　)的罚款。
A. 1% ~5%　　B. 5% ~10%
C. 5% ~20%　　D. 等值以下

22. 出入境检验检疫机构对没收的商品依法予以处理所得的价款、没收的违法所得、收缴的罚款，应当(　　)。
A. 全部上缴国家质检总局
B. 全部上缴国库
C. 一部分上缴国库，一部分留存
D. 一部分上缴国库，一部分上缴国家质检总局

23. 以下属于商检机构检验范围的是(　　)。
A. 锅炉压力容器的安全监督检验
B. 进出口药品的质量检验
C. 出口危险货物包装容器的性能鉴定
D. 计量器具的量值检定

24. 非法定检验的进口商品的收货人，发现进口商品质量不合格或者残损、短缺，申请出证的，出入境检验检疫机构或者其他检验机构应当(　　)。
A. 立刻按照收货人的要求出证
B. 因为不是法检商品，所以拒绝出证
C. 在检验后及时出证
D. 按照具体情况的紧急程度确定出证时间

25. 进口机动车辆到货后，收货人凭出入境检验检疫机构签发的(　　)以及有

关部门签发的其他单证向车辆管理机关申领车牌证。

A. 装运前检验证明书 B. 入境货物通关单

C. 进口机动车辆检验证单 D. 标签检验证明文件

26. 擅自调换、毁损出入境检验检疫机构加施的商检标志、封识的，由出入境检验检疫机构处(　　)元以下罚款。

A. 3 万 B. 4 万

C. 5 万 D. 10 万

27. 出入境检验检疫机构对检验的进出口商品抽取样品。对验余的样品的正确处理方式是(　　)。

A. 有关单位按规定的时间领回

B. 逾期不领回的，由出入境检验检疫机构代为货主保存

C. 出入境检验检疫机构应当通知有关单位在规定的期限领回

D. 由出入境检验检疫机构所有

28. 当事人逾期不履行处罚决定，又不申请行政复议或者向人民法院提起诉讼的，作出处罚决定的检验检疫机构可以（　　）。

A. 查封扣押当事人的相关财产 B. 直接强制执行

C. 申请人民法院强制执行 D. 放弃执行

29. 进出口商品的报检人对商检机构作出的检验结果有异议的，可向(　　)申请复验。

A. 原做出检验结果的商检机构 B. 上级商检机构

C. 国家质检总局 D. 以上都可以

30. (　　)不如实提供进出口商品的真实情况，取得出入境检验检疫机构的有关证单，或者对法定检验的进出口商品不予报检，逃避进出口商品检验的，由出入境检验检疫机构没收违法所得，并处商品货值金额 5% ~20% 的罚款。

A. 进出口商品的收发货人

B. 进出口商品的收发货人、代理报检企业

C. 进出口商品的收发货人、代理报检企业、出入境快件运营企业

D. 进出口商品的收发货人、代理报检企业、出入境快件运营企业、报检人员

31. 出入境检验检疫机构对进出(　　)等海关特殊监管区域的货物以及边境小额贸易进出口商品的检验管理，由国家质检总局海关总署另行制定办法。

A. 保税区、出口加工区 B. 经济特区

C. 经济技术开发区 D. 国家高新技术产业开发区

32. 对列入目录的进出口商品，尚未制定国家技术规范的强制性要求的，应当依法及时制定，未制定之前，可以(　　)。

A. 无需检验

B. 参照商检机构指定的国外有关标准检验

C. 根据合同选择国外相关标准检验

D. 参照国家商检部门指定的国外有关标准检验

33.《商检法实施条例》应由(　　)根据《商检法》* 制定。

A. 国务院　　B. 海关总署

C. 国家质检总局　　D. 外经贸部

34. 根据法律法规的规定，对列入《目录》的进出口商品，商检机构应当在(　　)内检验完毕，并出具检验证单。

A. 不延误装运的期限　　B. 国家商检部门统一规定的期限

C. 对外贸易合同约定的索赔期限　　D. 商检机构根据货物确定的期限

35. 国家商检部门、商检机构的工作人员严重不负责任，对应当检验的物品不检验，或者延误检验出证、错误出证，(　　)，处三年以下有期徒刑或者拘役。

A. 致使收货人利益造成重大损失的　　B. 致使发货人利益造成重大损失的

C. 致使国家利益遭受重大损失的　　D. 造成严重后果的

36. 商检机构和其他检验机构依照《商检法》的规定实施检验和办理检验鉴定业务，依照(　　)收取费用。

A. 国家商检部门制定的收费办法　　B. 国家税收主管部门制定的收费办法

C. 国家收费主管部门的规定　　D. 国家有关规定

37. 国家商检部门、商检机构的工作人员徇私舞弊，伪造检验结果的，处五年以下有期徒刑或者拘役；造成严重后果的，处(　　)有期徒刑。

A. 五年以上七年以下　　B. 五年以上十年以下

C. 七年以上十年以下　　D. 七年以上十五年以下

38. 必须实施检验的进出口商品目录由(　　)制定、调整并公布实施。

A. 国务院　　B. 国家商检部门

C. 国务院外经贸主管部门　　D. 国家商检部门会同国务院外经贸主管部门

39. 下列(　　)项不是制定、调整必须实施检验的进出口商品目录的原则。

A. 对外贸易发展的需要　　B. 保护人类健康和安全

C. 保护动物或者植物的生命和健康　　D. 保护环境

40. 下列(　　)项不属于合格评定程序包括的内容。

A. 评估、验证和合格保证　　B. 免于检验、抽查检验

C. 抽样、检验和检查　　D. 注册、认可和批准

41. 列入目录的进出口商品尚未制定国家技术规范的强制性要求的，应当依法及时制定，未制定之前可以参照国家商检部门指定的(　　)进行检验。

A. 国外有关标准　　B. 国家标准

* 全称《中华人民共和国进出口商品检验法》本书简称《商检法》。

C. 行业标准　　　　　　　　　D. 企业标准

42. 必须经商检机构检验的进口商品以外的进口商品的(　　)，发现进口商品质量不合格或者残损短缺，需要由商检机构出证索赔的，应当及时向商检机构申请检验出证。

A. 承运人　　　　　　　　　　B. 收货人

C. 卸货单位　　　　　　　　　D. 发货人

43. 下列关于对法定检验以外的进出口商品实施抽查检验的表述，(　　)项是不正确的。

A. 国家商检部门对进出口商品根据工作需要实施抽查检验

B. 国家商检部门可以公布抽查检验结果

C. 国家商检部门可以向有关部门通报抽查检验情况

D. 商检机构对法定检验以外的进出口商品根据国家规定实施抽查检验

44. 法定检验的进口商品到货后，应当向(　　)的商检机构报检。

A. 入境口岸　　　　　　　　　B. 卸货口岸

C. 报关地　　　　　　　　　　D. 使用地

45. 商检机构根据需要，对检验合格的进出口商品，可以加施(　　)。

A. 质量认证标志或者铅封　　　B. 商检标志或者铅封

C. 质量认证标志或者封识　　　D. 商检标志或者封识

46. 商检机构内部负责受理报检、检验、出证放行等主要岗位的职责权限应当明确，(　　)。

A. 可以由一个部门的不同人员完成

B. 可以由一个工作人员完成

C. 并相互分离、相互制约

D. 报检、放行可以由一人完成，但必须和检验岗位分离

47. 国家商检部门、商检机构的工作人员违反商检法规定，泄露所知悉的商业秘密的，依法给予行政处分，有违法所得的，没收违法所得；构成犯罪的，依法追究(　　)。

A. 行政责任　　　　　　　　　B. 民事责任

C. 刑事责任　　　　　　　　　D. 行事责任

48. 违反商检法的规定，逃避商品检验，将必须经商检机构检验的进口商品未报经检验而擅自销售、使用，或者将必须经商检机构检验的出口商品未报经检验合格而擅自出口，(　　)，处三年以下有期徒刑或者拘役，并处或单处罚金。

A. 性质严重的　　　　　　　　B. 情节严重的

C. 情节特别严重的　　　　　　D. 性质特别严重的

49. 必须经商检机构检验的进口商品的收货人或者其代理人，应当向(　　)的商

检机构报检。海关凭商检机构(　　)验放。

A. 卸货口岸；在报关单上加盖的印章　　B. 到达站；签发的货物通关证明

C. 报关地；签发的货物通关证明　　D. 卸货口岸；签发的换证凭单

50. 必须经商检机构检验的进口商品的(　　)，应当向报关地的商检机构报检。

A. 收货人或者其代理人　　B. 收货人

C. 代理人　　D. 当事人

51. 必须经商检机构检验的进口商品到货后，(　　)应当向商检机构报检。

A. 发货人　　B. 发货人或者其代理人

C. 收货人　　D. 收货人或者其代理人

52. 必须经商检机构检验的进口商品，海关凭商检机构签发的(　　)验放。

A. 货物通关证明　　B. 放行单

C. 检验证单　　D. 放行章

53. 必须经商检机构检验的进口商品，商检机构应当在(　　)期限内检验完毕。

A. 对外贸易合同约定的索赔　　B. 不延误装运的

C. 国家商检部门统一规定的　　D. 不延误海关通关的

54. 必须经商检机构检验的进口商品的收货人或者其代理人，应当在(　　)规定的地点和期限内，接受检验。

A. 国家商检部门　　B. 商检机构

C. 国家商检部门或商检机构　　D. 检验机构

55. 必须经商检机构检验的进口商品，商检机构应当在国家商检部门统一规定的期限内检验完毕，并出具(　　)。

A. 检验单证　　B. 检验证书

C. 检验证单　　D. 检验凭单

56. 必须经商检机构检验的进口商品以外的进口商品的收货人，发现进口商品(　　)，需要由商检机构出证索赔的，应当向商检机构申请检验出证。

A. 质量不合格　　B. 残损短缺

C. 发生货损　　D. 质量不合格或残损短缺

57. 对(　　)，收货人应当依据对外贸易合同约定在出口国装运前进行预检验、监造或者监装。

A. 重要的进口商品　　B. 大型的成套设备

C. 重要的进口商品和大型的成套设备　　D. 关系国计民生的进口商品

58. 经商检机构检验合格发给检验证单的出口商品，应当在商检机构规定的期限内(　　)出口；超过期限的，应当重新(　　)。

A. 报关；报检　　B. 装运；报检

C. 通关；检验　　D. 报关；合格评定

59. 经商检机构检验合格发给检验证单的出口商品，应当在商检机构规定的期限内报关出口，超过期限的，应当(　　)。

A. 可以出口　　B. 不准出口

C. 返工整理　　D. 重新报检

60. 必须经商检机构检验的出口商品的发货人或者其代理人，应当在(　　)向商检机构报检。

A. 报关地　　B. 商检机构规定的地点

C. 卸货口岸　　D. 到达站

61. 必须经商检机构实施检验的出口商品，海关凭(　　)签发的货物通关证明验放。

A. 国家商检部门　　B. 商检机构

C. 检验机构　　D. 海关

62. (　　)必须向商检机构申请进行包装容器的性能鉴定。

A. 为出口危险货物生产包装容器的企业

B. 生产出口危险货物的企业

C. 为出口货物生产包装容器的企业

D. 生产出口货物的企业

63. 为出口危险货物生产包装容器的企业，必须向(　　)申请进行包装容器的性能鉴定。

A. 国家商检部门　　B. 商检机构

C. 检验机构　　D. 商检机构或检验机构

64. (　　)必须向商检机构申请进行包装容器的使用鉴定。

A. 生产出口危险货物的企业

B. 为出口危险货物生产包装容器的企业

C. 为出口货物生产包装容器的企业

D. 生产出口货物的企业

65. 生产出口危险货物的企业，必须向(　　)申请进行包装容器的使用。

A. 国家商检部门　　B. 商检机构

C. 检验机构　　D. 商检机构或检验机构

66. 对装运出口易腐烂变质食品的船舱和集装箱，(　　)必须在装运前申请适载检验，未经检验合格的，不准装运。

A. 承运人　　B. 装箱单位

C. 承运人或者装箱单位　　D. 发货人

67. 对装运出口易腐烂变质食品的(　　)，承运人或者装箱单位必须在装运前申请适载检验。

A. 船舱　　B. 集装箱

C. 船舱和集装箱　　D. 包装

68. 商检机构对《商检法》规定必须经商检机构检验的进出口商品以外的进出口商品，根据国家规定实施(　　)。

A. 绿色通道　　B. 抽查检验
C. 监督管理　　D. 分类管理

69. 商检机构对(　　)根据国家规定实施抽查检验。

A. 对必须经商检机构检验的进出口商品以外的进出口商品
B. 对必须经商检机构检验的进出口商品
C. 民用商品
D. 经过认证的商品

70. 商检机构根据便利对外贸易的需要，可以按照国家规定对列入目录的出口商品进行出厂前的(　　)。

A. 质量监督管理　　B. 质量监督管理和检验
C. 质量检验工作　　D. 检验

71. 商检机构可以根据国家商检部门同外国有关机构签订的协议或者接受外国有关机构的委托进行进出口商品质量认证工作，准许在认证合格的进出口商品上使用(　　)。

A. CIQ 标志　　B. CCC 标志
C. 质量认证标志　　D. 封识

72. 商检机构依照《商检法》的规定对实施许可制度的(　　)实行验证管理，查验单证，核对证货是否相符。

A. 进出口商品　　B. 出口商品
C. 进口商品　　D. 必须实施检验的进出口商品目录内的商品

73. 商检机构依照《商检法》的规定对实施许可制度的进出口商品实行(　　)管理，查验单证，核对证货是否相符。

A. 验证　　B. 认证
C. 分类　　D. 出厂前的质量监督

74. 国家商检部门根据国家统一的(　　)，对有关的进出口商品实施(　　)。

A. 认证制度，认证管理　　B. 验证制度，验证管理
C. 许可制度，抽样管理　　D. 许可制度，许可证管理

75. 商检机构依照《商检法》的规定对实施(　　)的进出口商品实行(　　)，查验单证，核对证货是否相符。

A. 认证制度，认证管理　　B. 许可制度，验证管理
C. 认证制度，验证管理　　D. 许可制度，认证管理

76. (　　)可以根据国家商检部门同外国有关机构签订的协议或者接受外国有关机构的委托进行进出口商品质量认证工作，准许在认证合格的进出口商品上使用质量认证标志。

A. 国家商检部门
B. 商检机构
C. 检验机构
D. 认证机构

77. 商检机构根据需要，对检验合格的进出口商品，可以加施(　　)或封识。

A. 质量认证标志
B. CCC 标志
C. 商检标志
D. CCIB 标志

78. 经国家商检部门许可的检验机构，可以接受对外贸易关系人或者外国检验机构的委托，办理进出口商品(　　)业务。

A. 认证
B. 验证
C. 认可
D. 检验鉴定

79. 经国家商检部门(　　)的检验机构，可以接受对外贸易关系人或者外国检验机构的委托，办理进出口商品检验鉴定业务。

A. 指定
B. 许可
C. 认可
D. 认证

80. (　　)可以按照国家有关规定，通过考核，许可符合条件的国内外检验机构承担委托的进出口商品检验鉴定业务。

A. 商检机构
B. 外经贸部门
C. 工商行政管理部门
D. 国家商检部门

81. 国家商检部门和商检机构依法对经国家商检部门许可的检验机构的进出口商品检验鉴定业务活动进行监督，可以对其检验的商品(　　)。

A. 抽样检验
B. 抽查检验
C. 监督管理
D. 免于检验

82. 列入目录的进出口商品符合国家规定的免予检验条件的，由(　　)申请，经国家商检部门审查批准，可以免予检验。

A. 收货人
B. 发货人
C. 收货人或发货人
D. 生产商

83. 列入目录的进出口商品符合国家规定的免予检验条件的，由收货人或发货人申请，经(　　)审查批准，可以免予检验。

A. 国家商检部门
B. 商检机构
C. 国家商检部门或商检机构
D. 检验机构

84. 进出口商品的(　　)对商检机构作出的检验结果有异议的，可以向有关商检机构以至国家商检部门提出复验申请。

A. 报检人
B. 收货人
C. 代理人
D. 发货人

85. 进出口商品的报验人对商检机构作出的检验结果有异议的，可以向(　　)申请复验。

A. 作出检验结果的商检机构

B. 国家商检部门

C. 作出检验结果的商检机构的上级商检机构机构

D. 作出检验结果的商检机构或者其上级商检机构以至国家商检部门

86. (　　)对商检机构作出的复验结论不服，可以依法申请行政复议，也可以依法向人民法院提起诉讼。

A. 发货人　　B. 代理人

C. 当事人　　D. 发货人

87. 当事人对商检机构、国家商检部门作出的复验结论不服的，(　　)。

A. 应当先向作出复验结论的商检机构申请行政复议

B. 应当先向作出复验结论的商检机构上一级机构申请行政复议

C. 只能向人民法院起诉

D. 可以依法申请行政复议，也可以依法向人民法院提起诉讼

88. 报检人提出复验申请应当在收到检验结果之日起(　　)提出。

A. 7 日　　B. 15 日

C. 45 日　　D. 60 日

89. 受理复验的商检机构应当自收到复验申请之日起(　　)内作出复验结论。

A. 15 日　　B. 45 日

C. 60 日　　D. 90 日

90. 国家商检部门、商检机构的工作人员徇私舞弊，伪造检验结果，构成(　　)，处以五年以上有期徒刑或者拘役。

A. 逃避商品检验罪　　B. 商检徇私舞弊罪

C. 商检失职罪　　D. 滥用职权罪

91. 违反进出口商品检验法的规定，逃避商品检验，将必须经商检机构检验的进口商品未报经检验而擅自销售或者使用的，或者将必须经商检机构检验的出口商品未报经检验合格而擅自出口，情节严重的，构成(　　)。

A. 逃避商检罪　　B. 商检徇私舞弊罪

C. 商检失职罪　　D. 滥用职权罪

92. 商检机构工作人员对应当检验的物品不检验，或者延误检验出证、错误出证，致使国家利益遭受重大损失的，构成(　　)。

A. 逃避商品检验罪　　B. 商检徇私舞弊罪

C. 商检失职罪　　D. 滥用职权罪

93. 进口或者出口属于掺杂掺假、以假充真、以次充好的商品或者以不合格进出口商品冒充合格进出口商品，情节严重的，构成(　　)。

A. 逃避商品检验罪　　B. 商检徇私舞弊罪

C. 商检失职罪　　D. 生产、销售伪劣商品罪

94. 将必须经商检机构检验的出口商品未报经检验合格而擅自出口的，由商检机

构没收违法所得，并处货值金额(　　)的罚款。

A. 百分之一以上百分之五以下　　B. 百分之五以上百分之二十以下
C. 等值以下　　D. 百分之五十以上三倍以下

95. 对未经国家商检部门许可，擅自从事进出口商品检验鉴定业务的，由商检机构责令停止非法经营，没收违法所得，并处违法所得(　　)的罚款。

A. 等值以下　　B. 百分之五以上百分之二十以下
C. 一倍以上三倍以下　　D. 百分之五十以上三倍以下

96. 进口属于掺杂掺假、以假充真、以次充好的商品或者以不合格进口商品冒充合格进口商品的，由商检机构责令停止进口，没收违法所得，并处货值金额(　　)的罚款。

A. 一倍以上三倍以下　　B. 百分之五以上百分之二十以下
C. 百分之二十以上三倍以下　　D. 百分之五十以上三倍以下

97. 出口属于掺杂掺假、以假充真、以次充好的商品或者以不合格出口商品冒充合格出口商品的，由商检机构责令停止出口，没收违法所得，并处货值金额(　　)的罚款。

A. 一倍以上三倍以下　　B. 百分之五以上百分之二十以下
C. 百分之二十以上三倍以下　　D. 百分之五十以上三倍以下

98. 伪造、变造、买卖或者盗窃商检单证、印章、标志、封识、质量认证标志的，依法追究刑事责任；尚不够刑事处罚的，由商检机构责令改正，没收违法所得，并处货值金额(　　)的罚款。

A. 百分之五以上百分之二十以下　　B. 百分之五十以上三倍以下
C. 等值以下　　D. 一倍以上三倍以下

99. 国家商检部门、商检机构的工作人员违反商检法规定，泄露所知悉的商业秘密的，依法给予行政处分；有违法所得的，没收违法所得；构成犯罪的，依法追究(　　)。

A. 行政责任　　B. 民事责任
C. 刑事责任　　D. 行事责任

二、多选题

1. 当事人对商检机构、国家商检部门作出的复验结论不服的，(　　)。

A. 只能申请行政复议　　B. 只能提起行政诉讼
C. 可以提起行政复议　　D. 可以提起行政诉讼
E. 必须先申请行政复议，再提起行政诉讼

2. 进出口商品的报验人对商检机构作出的检验结果有异议的，可以向(　　)申请复验。

A. 作出检验结果的商检机构

B. 作出检验结果的商检机构的上级商检机构
C. 其他检验机构
D. 国家商检部门
E. 其他商检机构

3. 根据《商检法实施条例》的规定，(　　)应当在卸货口岸检验。

A. 大宗散装商品　　B. 易腐烂变质商品
C. 可用作原料的固体废物　　D. 已发生残损、短缺的商品

4.《商检法》的立法目的是(　　)。

A. 为了加强进出口商品检验工作
B. 规范进出口商品检验行为
C. 维护社会公共利益和进出口贸易有关各方的合法权益
D. 促进对外经济贸易关系的顺利发展
E. 保护人类健康和安全

5. 按照《中华人民共和国进出口商品检验法》的规定，我国实施进出口商品检验的主体包括(　　)。

A. 国家商检部门
B. 商检机构
C. 经国家商检部门许可的检验机构
D. 法律、行政法规规定的其他检验机构
E. 各地的质量技术监督局

6. 法定检验应当遵循的基本原则有(　　)。

A. 保护人类健康和安全　　B. 保护动物或者植物的生命和健康
C. 保护环境　　D. 防止欺诈行为
E. 维护国家安全

7. 法定检验目的包括(　　)。

A. 保护人类健康和安全　　B. 保护动物或者植物的生命和健康
C. 保护环境　　D. 防止欺诈行为
E. 维护国家安全

8. 确定必须实施检验的进出口商品范围的依据是(　　)。

A. 保护人类健康和安全　　B. 保护动物或者植物的生命和健康
C. 保护环境　　D. 防止欺诈行为
E. 维护国家安全

9. 进出口商品检验应当根据(　　)的原则，由国家商检部门制定、调整必须实施检验的进出口商品目录并公布实施。

A. 保护人类健康和安全　　B. 保护动物或者植物的生命和健康
C. 保护环境　　D. 防止欺诈
E. 维护国家安全

10. 合格评定程序包括(　　)。

A. 抽样、检验和检查　　B. 评估、验证和合格保证

C. 许可、认可和批准　　D. 注册、认可和批准

E. 认证、认可、批准

11. 必须实施检验的进出口商品目录由国家商检部门(　　)。

A. 制定　　B. 指定

C. 调整　　D. 公布实施

E. 印刷

12. 根据《商检法》规定，符合国家规定的免予检验条件的进出口商品，由(　　)申请，经国家商检部门审查批准，可以免予检验。

A. 收货人　　B. 发货人

C. 对外贸易关系人　　D. 商检机构

13. 必须经商检机构检验的进口商品，由(　　)向报关地的商检机构报检。

A. 收货人　　B. 发货人的代理人

C. 收货人　　D. 收货人的代理人

E. 用货人

14. 按照《商检法》的规定，我国实施装运前检验的进口商品包括(　　)。

A. 重要的进口商品

B. 价格昂贵的进口商品

C. 特殊国家或地区输入的进口商品

D. 大型的成套设备

E. 用于特定用途的设备

15. 对(　　)，收货人应当依据对外贸易合同约定在出口国装运前进行预检验、监造或者监装，商检机构根据需要可以派出检验人员参加。

A. 重要的进口商品

B. 价格昂贵的进口商品

C. 特殊国家或地区输入的进口商品

D. 大型的成套设备

E. 用于特定用途的设备

16. 对重要的进口商品和大型的成套设备，收货人应当依据对外贸易合同约定在出口国装运前进行(　　)。

A. 预检验　　B. 监造

C. 监装　　D. 验收

E. 测试

17. 必须经商检机构检验的出口商品的(　　)，应当在商检机构规定的地点和期限内，向商检机构报检。

A. 发货人
B. 发货人的代理人
C. 收货人
D. 收货人的代理人
E. 生产商

18. 除法律、行政法规另有规定外，(　　)可以免予检验。

A. 样品
B. 礼品
C. 物品
D. 暂准进出境的货物

19. 对装运出口易腐烂变质食品的船舱和集装箱，(　　)必须在装运前申请适载检验。

A. 承运人
B. 装箱单位
C. 船舶所有人
D. 发货人
E. 集装箱所有人

20. 对装运出口易腐烂变质食品的(　　)，承运人或装箱单位必须在装运前申请适载检验。

A. 船舱
B. 包装容器
C. 船舶
D. 运输设备
E. 集装箱

21. 下列关于对必须经商检机构检验的进出口商品以外的进出口商品实施抽查检验的表述正确的有(　　)。

A. 国家商检部门对必须经商检机构检验的进出口商品以外的进出口商品根据国家规定实施抽查检验
B. 国家商检部门应当公布抽查检验结果
C. 国家商检部门可以向有关部门通报抽查检验情况
D. 对必须经商检机构检验的进出口商品以外的进出口商品进行抽查检验是国家对进出口商品实施质量监督管理的一种重要方式
E. 国家商检部门统一制定抽查检验的办法，确定相应的抽查商品的种类。

22. 某企业报检一批异地通关的货物（检验检疫类别为 M/N)，经产地检验检疫机构检验，该企业对检验结果有异议，以下表述正确的有(　　)。

A. 企业可向口岸检验检疫机构申请复验
B. 企业可向产地检验检疫机构申请复验
C. 企业可向产地检验检疫机构的上级机构申请复验
D. 企业可向国家质检总局申请复验

23. 下列对出口商品出厂前的质量监督管理和检验的表述正确的有(　　)。

A. 商检机构根据便利对外贸易的需要，可以根据国家规定对列入目录的进出口商品进行出厂前的质量监督管理和检验
B. 对出口商品实施出厂前的质量监督管理和检验能有效提高出口生产企业的质量管理水平及其产品的质量保证能力

C. 对实施出厂前的质量监督管理和检验的出口商品，在出口时应当免于产品检验

D. 对出口商品按照分类管理的原则实施过程检验监管时出口商品出厂前的质量监督管理和检验的一种重要方式

E. 对出口商品实施出厂前的预检验制度是出口商品出厂前的质量监督管理和检验的一项内容

24. 按照《商检法》的规定，（ ）商检单证、印章、标志、封识、质量认证标志，构成犯罪的，应依法追究刑事责任。

A. 伪造 B. 变造

C. 买卖 D. 骗取

E. 盗窃

25. 伪造、变造、买卖或者盗窃商检单证、印章、标志、封识、质量认证标志，构成伪造、变造、买卖、盗窃国家机关公文、证件、印章罪的，处（ ）。

A. 三年以下有期徒刑 B. 拘役

C. 管制 D. 剥夺政治权利

E. 缓刑

26. 国家商检部门、商检机构的工作人员徇私舞弊，故意伪造检验结果构成商检徇私舞弊罪的，处（ ）。

A. 五年以下有期徒刑 B. 拘役

C. 管制 D. 剥夺政治权利

E. 缓刑

27. 国家商检部门、商检机构的工作人员严重不负责任，对应当检验的物品不检验，或者延误检验出证、错误出证，致使国家和人民利益遭受重大损的，处（ ）。

A. 三年以下有期徒刑 B. 拘役

C. 管制 D. 剥夺政治权利

E. 五年以下有期徒刑

28. 国家商检部门、商检机构及其工作人员在履行进口商品检验监督管理的过程中，应遵守的行为规范包括（ ）。

A. 商检工作人员必须忠于职守，文明服务，遵守职业道德，不得滥用职权，谋取私利

B. 国家商检部门和商检机构应当及时收集和向有关方面提供进出口商品检验方面的信息

C. 国家商检部门和商检机构的工作人员在履行进出口商品检验的职责中，对所知悉的商业秘密负有保密义务

D. 国家商检部门和商检机构应当建立健全内部监督制度，对其工作人员的执法

活动进行监督检查

29. 国家商检部门、商检机构及其工作人员在履行进口商品检验监督管理的过程中，应遵守的行为规范包括(　　)。

A. 国家商检部门和商检机构履行职责，必须遵守法律，维护国家利益，依照法定职权和法定程序严格执法，接受监督

B. 国家商检部门和商检机构应当根据依法履行职责的需要，加强队伍建设，使商检工作人员具有良好的政治、业务素质

C. 商检工作人员应当定期接受业务培训和考核，经考核合格，方可上岗执行职务

D. 商检机构内部负责受理报检、检验、出证放行等主要岗位的职责权限应当明确，并相互分离、相互制约

E. 国家商检部门和商检机构应当及时收集和向有关方面提供进出口商品检验方面的信息

30. 下列(　　)行为属于逃避法定进出口商品检验的行为。

A. 将必须经商检机构检验的进口商品未报经检验而擅自销售的

B. 将必须经商检机构检验的进口商品未报经检验而擅自使用的

C. 将必须经商检机构检验的出口商品未报经检验合格而擅自出口的

D. 不如实向商检机构报检，骗取商检机构的有关单证的

E. 出口属于实施出口质量许可制度或者卫生注册登记制度，而未取得出口质量许可或者未经卫生注册登记制度的商品的

31. 违反《商检法》规定，将必须经商检机构检验的进口商品未经检验而擅自销售或者使用的，或者将必须经商检机构检验的出口商品未经检验合格而擅自出口，尚未构成犯罪的，由商检机构(　　)。

A. 责令停止非法经营　　B. 吊销营业许可证

C. 没收违法所得　　D. 处违法所得一倍以上三倍以下罚款

E. 并处货值百分之五以上百分之二十以下的罚款

32. 违反《商检法》规定，将必须经商检机构检验的进口商品未经检验而擅自销售或者使用的，或者将必须经商检机构检验的出口商品未经检验合格而擅自出口，情节严重构成犯罪的，应承担的刑罚种类有(　　)。

A. 三年以下有期徒刑　　B. 拘役

C. 管制　　D. 并处罚金

E. 单处罚金

33. 对未经国家商检部门许可，擅自从事进出口商品检验鉴定业务的，由商检机构(　　)。

A. 责令停止非法经营

B. 没收违法所得

C. 并处违法所得一倍以上三倍以下的罚款
D. 并处违法所得百分之五以上，百分之二十以下的罚款
E. 吊销营业执照

34. 将必须经商检机构检验的出口商品未报经检验合格而擅自出口的，应承担以下(　　)项法律责任。
A. 责令停止非法经营
B. 没收违法所得
C. 处货值金额百分之五以上百分之二十以下的罚款
D. 构成犯罪的，依法追究刑事责任
E. 并处违法所得百分之五以上，百分之二十以下的罚款

35. 进口属于掺杂掺假、以假充真、以次充好的商品或者以不合格进口商品冒充合格进口商品的，应承担以下(　　)项法律责任。
A. 责令停止进口
B. 没收违法所得
C. 处货值金额百分之五十以上三倍以下的罚款
D. 构成犯罪的，依法追究刑事责任
E．没收财产

36. 出口属于掺杂掺假、以假充真、以次充好的商品或者以不合格出口商品冒充合格进口商品的，应承担以下(　　)项法律责任。
A. 责令停止出口
B. 没收违法所得
C. 处货值金额百分之五十以上三倍以下的罚款
D. 构成犯罪的，依法追究刑事责任
E．没收财产

37. 伪造、变造、买卖或者盗窃商检单证、印章、标志、封识、质量认证标志的，尚不够刑事处罚的，商检机构可以实施下列(　　)项处罚手段。
A. 责令改正　　B. 责令停止非法经营
C. 没收违法所得　　D. 处货值金额等值以下的罚款
E. 并处违法所得一倍以上三倍以下的罚款

38. 国家商检部门、商检机构的工作人员违反商检法规定，泄露所知悉的商业秘密的，应(　　)。
A. 给予通报批评　　B. 依法给予行政处分
C. 有违法所得的，没收违法所得　　D. 构成犯罪的，依法追究刑事责任
E. 并处违法所得一倍以上三倍以下的罚款

39. 国家商检部门、商检机构的工作人员有下列(　　)项行为的，依法给予行政处分；构成犯罪的，依法追究刑事责任。

A. 滥用职权，故意刁难的　　B. 态度恶劣，拒绝受理报检的

C. 徇私舞弊，伪造检验结果的　　D. 玩忽职守，延误检验出证的

E. 泄露所知悉的商业秘密的

40. 按照《商检法》的规定，伪造、变造、买卖或者盗窃商检(　　)的，应依法追究法律责任。

A. 单证　　B. 印章

C. 标志　　D. 质量认证标志

E. 封识

三、判断题

1. 法定检验进口商品必须在收货人报检时申报的目的地检验。(　　)
2. 出口危险货物的生产企业，应当向出入境检验检疫机构申请危险货物包装容器的性能鉴定。(　　)
3. 国家质检总局、出入境检验检疫机构实施监督管理或者对涉嫌违反进出口商品检验法律、行政法规的行为进行调查，有权查阅、复制当事人的有关合同、发票、账簿以及其他有关资料。(　　)
4. 进出口商品的收发货人对出入境检验检疫机构作出的检验结果有异议的，可以自收到检验结果之日起15日内，向作出检验结果的出入境检验检疫机构或者其上级出入境检验检疫机构以至国家质检总局申请复议。(　　)
5. 一般原产地证明的法定签发机构为出入境检验检疫机构。(　　)
6. 国家允许进口的旧机电产品应当依照国家有关规定实施装运前检验。(　　)
7. 法定检验的进口商品经检验，涉及人身财产安全、健康、环境保护项目不合格的，必须销毁或退货。(　　)
8. 伪造、变造、买卖或者盗窃商检单证、印章、标志、封设、质量认证标志，尚不构成刑事处罚的，由商检机构责令改正，没收违法所得，并处货值金额百分之五十以上三倍以下以下的罚款；构成犯罪的，依法追究行刑事责任。(　　)
9. 出入境检验检疫机构对涉及人身财产安全、健康的重要出口商品实施出口商品备案管理。(　　)
10. 国家商检部门和商检机构应当建立健全内部监督制度，对其工作人员的执法活动进行监督检查。(　　)
11. 国家质检总局根据工作需要，可以指定符合规定资质条件的国内外检测机构承担出入境检验检疫机构委托的进出口商品检测，各直属局则无此指定权。(　　)
12. 国家允许进口的旧机电产品应当在签订对外贸易合同前办理备案手续。(　　)

13. 对关系国计民生、价值较高、技术复杂的重要进口商品和大型成套设备，必须在出口国装运前预检验、监造或者监装。(　　)
14. 依照《商检法》的规定，国家商检部门、商检机构的工作人员滥用职权，故意刁难的，徇私舞弊，伪造检验结果的，或者玩忽职守，延误检验出证的，依法给予行政处分；构成犯罪的，依法追究刑事责任。(　　)
15. 进出口商品的报检人对出入境检验检疫机构作出的检验结果有异议的，可以自收到检验结果之日起 30 日内提出复验。(　　)
16. 验余的样品，检验检疫机构无需通知，有关单位应当在规定的期限内领回。(　　)
17. 出口属于国家实行出口商品注册登记管理而未获得注册登记的商品的，由出入境检验检疫机构责令停止出口，没收违法所得，并处商品货值金额 10% ~ 50% 的罚款。(　　)
18. 对装运出口易腐烂变质食品的船舱和集装箱，承运人、装箱单位或者其代理人应当在装运前申请适载检验。(　　)
19. 入境快件到达海关监管区时，快件运营企业应及时以自己的名义向所在地检验检疫机构办理报检手续。(　　)
20. 列入目录的进出口商品，由商检机构或者国家商检部门许可的检验机构实施检验。(　　)
21. 列入目录的进出口商品，其中符合国家规定的免予检验条件的，由收货人或者发货人申请，经国家商检部门审查批准，可以免予检验。(　　)
22. 合格评定程序包括：抽样、检验和检查；评估、验证和合格保证；注册、认可和批准以及各项的组合。(　　)
23. 国家商检部门和商检机构的工作人员在履行进出口商品检验的职责中，对所知悉的商业信息负有保密义务。(　　)
24. 对必须经商检机构检验的进口商品，商检机构应当在对外贸易合同约定的索赔期限内检验完毕，并出具证明。(　　)
25. 法定检验的出口商品，海关凭商检机构签发的检验证书、放行单或者在报关单上加盖的印章验放。(　　)
26. 经商检机构检验合格发给检验证单的出口商品，应当在商检机构规定的期限内报关出口；超过期限的，应当重新报检。(　　)
27. 商检机构对法定检验的进出口商品以外的进出口商品，可以根据国家规定实施抽查检验。国家商检部门对抽查检验结果和抽查检验情况不得公布和通报。(　　)
28. 商检工作人员应当定期接受业务培训和考核，经考核合格，方可上岗执行职务。(　　)
29. 商检工作人员必须忠于职守，文明服务，遵守职业道德，不得滥用职权，牟

取私利。( )

30. 为加强进出口商品检验工作，保证进出口商品质量，规范进出口商品检验行为，维护社会公共利益和进出口贸易有关各方的合法权益，促进对外贸易的顺利发展，制定《商检法》。( )
31. 当事人对商检机构、国家商检部门作出的复验结论不服应首先依法申请行政复议，对复议结论不服的，还可提起行政诉讼。( )
32. 当事人对商检机构、国家商检部门作出的复验结论不服，可以依法申请行政复议，也可以直接提起行政诉讼。( )
33. 必须经商检机构检验的出口商品未报经检验而擅自出口的，由商检机构没收违法所得，并处违法所得百分之五以上百分之二十以下的罚款。( )
34. 进出口商品的报检人对商检机构作出的检验结果有异议的只能向其上级商检机构以至国家商检部门申请复验。( )
35. 经国家商检部门许可的检验机构，可以接受对外贸易关系人或者外国检验机构的委托，办理进出口商品检验鉴定业务。( )
36. 国家商检部门和商检机构对进出口商品实施检验。( )
37. 商检机构和经国家商检部门认可的检验机构，依法对进出口商品实施检验。( )
38. 商检机构和国家商检部门、商检机构指定的检验机构，依法对进出口商品实施检验。( )
39. 法律、行政法规规定由其他检验机构实施检验的进出口商品或者检验项目，依照有关法律、行政法规的规定办理。( )
40. 必须实施的进出口商品的检验，是指确定列入《目录》的进出口商品是否符合国家技术规范的强制性要求的合格评定程序。( )
41. 国家商检部门制定、调整并公布必须实施检验的进出口商品目录。( )
42. 列入必须实施检验的进出口商品检验目录内的商品，由商检机构实施检验。( )
43. 列入目录的进出口商品，按照国家技术规范的强制性要求进行检验；尚未制定国家技术规范的强制性要求的，可以参照国家商检部门指定的国外有关标准进行检验。( )
44. 列入目录的进出口商品，按照国家技术规范的强制性要求进行检验；尚未制定国家技术规范的强制性要求的，可以参照合同当事人约定的有关标准进行检验。( )
45. 列入目录的进出口商品，按照国家技术规范的强制性要求进行检验；尚未制定国家技术规范的强制性要求的，可以参照行业标准进行检验。( )
46. 列入目录的进出口商品，按照国家技术规范的强制性要求进行检验；尚未制定国家技术规范的强制性要求的，可以参照商检机构指定的国外有关标准进

行检验。（ ）

47. 法定检验的进口商品的收货人或者其代理人，应当向卸货口岸的商检机构报检。（ ）

48. 法定检验的进口商品的收货人或者其代理人，应当在国家商检部门规定的地点和期限内接受检验。（ ）

49. 对必须经商检机构检验的进口商品，商检机构应当在对外贸易合同约定的索赔期限内检验完毕，并出具证明。（ ）

50. 对必须经商检机构检验的进口商品，商检机构应当在国家商检部门统一规定期限内检验完毕并出具检验证单。（ ）

51. 必须经商检机构检验的进口商品以外的进口商品的收货人，发现进口商品质量不合格或者残损短缺，需要由商检机构出证索赔的，应当向商检机构申请检验出证。（ ）

52. 经过装运前检验合格的进口商品进口后可以免于进口商品检验。（ ）

53. 对重要的进口商品和大型的成套设备，收货人应当依据对外贸易合同约定在出口国装运前进行预检验、监造或者监装，商检机构根据需要可以派出检验人员参加。（ ）

54. 对重要的进口商品和大型的成套设备，收货人应当依据对外贸易合同约定在出口国装运前进行预检验、监造或者监装，商检机构应当派出检验人员参加。（ ）

55. 对重要的进口商品和大型成套设备，商检机构必须进行装运前预检验。（ ）

56. 经商检机构检验合格发给检验证单的出口商品，应当在商检机构规定的期限内报关出口；超过期限的，应当重新报检。（ ）

57. 必须经商检机构检验的出口商品的发货人或者其代理人，应当在商检机构规定的地点和期限内，向商检机构报检。（ ）

58. 必须经商检机构检验的出口商品，商检机构应当在国家商检部门统一规定的期限内检验完毕。（ ）

59. 必须经商检机构检验的出口商品，海关凭商检机构签发的货物通关证明验放。（ ）

60. 经商检机构检验合格发给检验证单的出口商品，应当在商检机构规定的期限内报关出口；超过期限的，不准出口。（ ）

61. 为出口危险货物生产包装容器的企业，必须向商检机构申请进行包装容器的性能鉴定。（ ）

62. 生产出口危险货物的企业，必须向商检机构申请进行包装容器的使用鉴定。（ ）

63. 必须经商检机构检验的出口商品的发货人或者其代理人，应当在国家商检部

门统一规定的地点和期限内，向商检机构报检。（ ）

64. 为出口危险货物生产包装容器的企业，必须向商检机构申请进行包装容器的使用鉴定。（ ）
65. 生产出口危险货物的企业，必须向商检机构申请进行包装容器的性能鉴定。（ ）
66. 对装运出口易腐烂变质食品的船舱和集装箱，承运人或装箱单位必须在装运前申请适载检验，未经检验合格的，不准装运。（ ）
67. 对装运出口易腐烂变质食品的船舱和集装箱，承运人或装箱单位必须在装运前申请使用鉴定。（ ）
68. 对装运出口易腐烂变质食品的包装容器，必须在装运前申请适载检验，未经检验合格的，不准装运。（ ）
69. 商检机构对必须经商检机构检验的进出口商品以外的进出口商品，根据国家规定实施抽查检验。国家商检部门可以公布抽查检验结果或者向有关部门通报抽查检验情况。（ ）
70. 商检机构对必须经商检机构检验的进出口商品以外的进出口商品，根据国家规定实施抽查检验。国家商检部门应当公布抽查检验结果或者向有关部门通报抽查检验情况。（ ）
71. 抽查检验是指对列入必须实施检验的进出口商品目录内的进出口商品进行检验的一种方式。（ ）
72. 商检机构根据便利对外贸易的需要，可以根据国家规定对列入目录的进出口商品进行出厂前的质量监督管理和检验。（ ）
73. 国家商检部门可以按照国家有关规定，通过考核，许可符合条件的国内外检验机构承担委托的进出口商品检验鉴定业务。（ ）
74. 国家商检部门和商检机构依法对经国家商检部门许可的检验机构的进出口商品检验鉴定业务活动进行监督，可以对其检验的商品抽查检验。（ ）
75. 商检机构依照《商检法》对实施许可制度的进出口商品实行认证管理，查验单证，核对证货是否相符。（ ）
76. 国家商检部门、商检机构的工作人员滥用职权，故意刁难的，徇私舞弊，伪造检验结果的，或者玩忽职守，延误检验出证的，依法给予行政处分；构成犯罪的，依法追究刑事责任。（ ）
77. 商检机构可以根据国家商检部门同外国有关机构签订的协议或者接受外国有关机构的委托进行进出口商品质量认证工作，准许在认证合格的进出口商品上使用 CIQ 标志。（ ）
78. 商检机构根据需要，对检验合格的进出口商品，应当加施商检标志或封识。（ ）
79. 任何单位和个人均有权对国家商检部门、商检机构及其工作人员的违法、违

纪行为进行控告、检举。收到控告、检举的机关应当依法按照职责分工及时查处，并为控告人、检举人保密。（ ）

80. 国家商检部门和商检机构应当及时收集和向有关方面提供进出口商品检验方面的信息。（ ）

81. 商检工作人员应当定期接受业务培训和考核，经考核合格，方可上岗执行职务。（ ）

82. 商检机构内部负责受理报检、检验、出证放行等主要岗位的职责权限应当明确，并相互分离、相互制约。（ ）

83. 未经国家商检部门许可，擅自从事进出口商品检验鉴定业务的，由商检机构责令停止非法经营，没收违法所得，并处违法所得三倍以下的罚款。（ ）

84. 按照《商检法》的规定，进口商品未报经检验的，不准销售和使用。（ ）

85. 列入目录的进出口商品，符合国家规定的免予检验条件的，由收货人或者发货人申请，经国家商检部门审查批准，可以免予检验。（ ）

86. 商检机构和其他检验机构实施检验和办理鉴定业务的，可收取相关费用。（ ）

四、名词解释

1. 法定检验
2. 逃避商检罪
3. 商检徇私舞弊罪
4. 商检失职罪

五、简答题

1. 简述进出口商品检验应当遵循的原则。

2. 简述对经检验不合格进口商品的处理方式。

3. 我国商检法实施条例规定，对两类商品实施验证管理。请问这两类商品是什么？

4. 哪些商品应当在卸货口岸检验？

5. 简述《商检法实施条例》对进口可用作原料的固体废物设置的监管制度？

6. 依据我国商检法实施条例，出入境检验检疫机构签发的原产地证明有哪三种？

7. 依据商检法实施条例的规定，出入境检验检疫机构实施监督管理或者对涉嫌违反进出口商品检验法律、行政法规的行为进行调查时，拥有哪些权力？

8. 根据《商检法》及其实施条例的规定，哪些进出口商品可免予检验？

9. 《商检法》及其实施条例关于法定检验的进口商品检验地点的规定有哪些？

10. 根据《商检法》及其实施条例的规定，哪些商品应当按照对外贸易合同约定进行监造、装运前检验或者监装？

11. 进出口商品法定检验的对象是什么？

六、案例分析题

1. B 企业 2007 年 10 月 11 日从台湾进口了一台法定检验设备，在检验检疫工作人员下厂进行检验时发现该设备并未进行安装调试和使用，但设备的铭牌上显示的制造日期是"2004 年 5 月"，且设备从外观来看比较陈旧，该企业在进口前并未办理相关备案手续。

问：（1）国家允许进口的旧机电设备，进口之前需要办理哪些手续？

（2）检验检疫机构是否应该对企业进行行政处罚？依据是什么？

2. D 企业进口了一台大型成套设备，未按规定在海关放行后 20 日内到检验检疫局申报检验，由检验检疫机构立案调查。办案人员在调查过程中发现，该进口设备已经进行了安装调试，但尚未正式投入生产。

问：（1）D 企业的行为属于什么样的违法行为？

（2）D 企业应承担什么样的法律后果？

3. 2006 年 1 月，H 市 A 公司进口了一批属法定检验的商品。经 L 出入境检验检疫局检验，该批货物不符合相关要求。

问：（1）L 出入境检验检疫局对 A 公司进口的货物实施检验的内容包括什么？

（2）经 L 出入境检验检疫局检验，A 公司进口的货物不合格，对该批货物应如何处理？

4. 济南 A 公司，在淄博设有生产车间。2005 年 12 月 3 日，A 公司从黄岛口岸进口了一批机电设备货物。

问：（1）若该批货物依法应当实施检验，出入境检验检疫机构实施检验的内容包括哪些？

（2）A 公司可以采用何种方式向出入境检验检疫机构办理报检手续？

（3）该批进口货物海关放行后，一般情况下，A 公司应当在何地接受检验？

（4）若 A 公司对出入境检验检疫机构作出的检验结论不服，欲申请复验，请问应当向哪一机构申请？

（5）若 A 公司在明知该批货物不合格的情况下，仍然用于生产经营，应承担怎样的法律责任？

5. 某检验检疫局对甲公司进口的一批废塑料实施检验时发现，该批废塑料不符合环保控制标准，并夹带废电池、废印刷线路板等禁止进口物品。该检验检疫局与国外检验机构联系得知，该批废塑料的装运前检验证书系假冒证书。

问：甲公司存在哪些违法行为？应当承担哪些法律责任？

6. 顺昌公司从国外进口了一批旧机电产品，货物到港后才向检验检疫应提交备案申请资料和该产品的强制性产品认证证明。

问：（1）顺昌公司存在什么违法行为？

（2）检验检疫机构应如何处理？

七、参考答案

单选题

1. B（依据《商检法实施条例》第二条）
2. C（依据《商检法实施条例》第三条）
3. B（依据《商检法实施条例》第四条）
4. A（依据《商检法实施条例》第六条）
5. A（依据《商检法实施条例》第八条、第十条）
6. D（依据《商检法实施条例》第十四条）
7. A（依据《商检法实施条例》第十六条）
8. C（依据《商检法实施条例》第十六条）
9. C（依据《商检法实施条例》第十六条）
10. C（依据《商检法实施条例》第十七条）
11. A（依据《刑法》第四百一十二条）
12. A（依据《商检法实施条例》第二十二条）
13. A（依据《商检法实施条例》第二十九条）
14. B（依据《商检法实施条例》第二十九条）
15. C（依据《商检法实施条例》第三十条）
16. A（依据《商检法实施条例》第二十四条）
17. D（依据《刑法》第二百八十条）
18. B（依据《商检法实施条例》第三十五条）
19. C（依据《商检法实施条例》第三十五条）
20. B（依据《商检法实施条例》第三十八条）
21. C（依据《商检法实施条例》第四十三条）
22. B（依据《商检法实施条例》第五十八条）
23. C（依据《商检法实施条例》第二十九条）
24. C（依据《商检法实施条例》第二十条）
25. C（依据《商检法实施条例》第二十三条）
26. C（依据《商检法实施条例》第五十四条）
27. C（依据《商检法实施条例》第三十四条）
28. C（依据《商检法实施条例》第五十九条）
29. D（依据《商检法实施条例》第三十五条）
30. D（依据《商检法实施条例》第四十六条）
31. A（依据《商检法实施条例》第四十二条）
32. D（依据《商检法》第七条）

33. A（依据《商检法实施条例》第一条、第六十一条）
34. B（依据《商检法》第十二条、第十五条）
35. C（依据《刑法》第四百一十二条）
36. D（依据《商检法》第三十九条）
37. B（依据《刑法》第四百一十二条）
38. B（依据《商检法》第四条）
39. A（依据《商检法》第四条）
40. B（依据《商检法》第六条）
41. A（依据《商检法》第七条）
42. B（依据《商检法》第十三条）
43. A（依据《商检法》第十九条）
44. C（依据《商检法》第十一条）
45. D（依据《商检法》第二十七条）
46. C（依据《商检法》第三十一条）
47. C（依据《商检法》第三十七条）
48. B（依据《刑法》第二百三十条）
49. C（依据《商检法》第十一条）
50. A（依据《商检法》第十一条）
51. D（依据《商检法》第十一条）
52. A（依据《商检法》第十一条）
53. C（依据《商检法》第十二条）
54. B（依据《商检法》第十二条）
55. C（依据《商检法》第十二条）
56. D（依据《商检法》第十三条）
57. C（依据《商检法》第十四条）
58. A（依据《商检法》第十六条）
59. D（依据《商检法》第十六条）
60. B（依据《商检法》第十五条）
61. B（依据《商检法》第十五条）
62. A（依据《商检法》第十七条）
63. B（依据《商检法》第十七条）
64. A（依据《商检法》第十七条）
65. B（依据《商检法》第十七条）
66. C（依据《商检法》第十八条）
67. C（依据《商检法》第十八条）
68. B（依据《商检法》第十九条）

69. A（依据《商检法》第十九条）
70. B（依据《商检法》第二十条）
71. C（依据《商检法》第二十五条）
72. A（依据《商检法》第二十六条）
73. A（依据《商检法》第二十六条）
74. A（依据《商检法》第二十四条）
75. B（依据《商检法》第二十六条）
76. B（依据《商检法》第二十五条）
77. C（依据《商检法》第二十七条）
78. D（依据《商检法》第八条）
79. B（依据《商检法》第八条）
80. D（依据《商检法》第二十二条）
81. B（依据《商检法》第二十三条）
82. C（依据《商检法》第五条）
83. A（依据《商检法》第五条）
84. A（依据《商检法》第二十八条）
85. D（依据《商检法》第二十八条）
86. C（依据《商检法》第二十九条）
87. D（依据《商检法》第二十九条）
88. B（依据《商检法实施条例》第三十五条）
89. C（依据《商检法实施条例》第三十五条）
90. B（依据《刑法》第四百一十二条）
91. A（依据《刑法》第二百三十条）
92. C（依据《刑法》第四百一十二条）
93. D（依据《刑法》第一百四十条）
94. B（依据《商检法》第三十三条）
95. C（依据《商检法》第三十四条）
96. D（依据《商检法》第三十五条）
97. D（依据《商检法》第三十五条）
98. C（依据《商检法》第三十六条）
99. C（依据《商检法》第三十七条）

多选题

1. CD（依据《商检法》第二十九条）
2. ABD（依据《商检法》第二十八条）
3. ABCD（依据《商检法实施条例》第十八条）
4. ABCD（依据《商检法》第一条）

5. BCD（依据《商检法》第三条）
6. ABCDE（依据《商检法》第四条）
7. ABCDE（依据《商检法》第四条）
8. ABCDE（依据《商检法》第四条）
9. ABCDE（依据《商检法》第四条）
10. ABD（依据《商检法》第六条）
11. ACD（依据《商检法》第四条）
12. AB（依据《商检法》第五条）
13. AD（依据《商检法》第十一条）
14. AD（依据《商检法》第十四条）
15. AD（依据《商检法》第十四条）
16. ABC（依据《商检法》第十四条）
17. AB（依据《商检法》第十二条）
18. ABD（依据《商检法实施条例》第六条）
19. AB（依据《商检法》第十八条）
20. AE（依据《商检法》第十八条）
21. ACDE（依据《商检法》第十九条）
22. BCD（依据《商检法实施条例》第三十五条）
23. ABDE（依据《商检法》第二十条、《商检法实施条例》第三十一条）
24. ABCE（依据《商检法》第三十六条）
25. ABCD（依据《商检法》第三十六条、(依据《刑法》第二百八十条）
26. AB（依据《刑法》第四百一十二条）
27. AB（依据《刑法》第四百一十二条）
28. ABCD（依据《商检法》第十条、第三十条、第三十一条）
29. ABCDE（依据《商检法》第三十条、第三十一条）
30. ABC（依据《商检法》第三十三条）
31. CE（依据《商检法》第三十三条）
32. ABDE（依据《刑法》第二百三十条）
33. ABC（依据《商检法》第三十四条）
34. BCD（依据《商检法》第三十三条）
35. ABCD（依据《商检法》第三十五条）
36. ABCD（依据《商检法》第三十五条）
37. ACD（依据《商检法》第三十六条）
38. BCD（依据《商检法》第三十七条）
39. ACDE（依据《商检法》第三十八条）
40. ABCDE（依据《商检法》第三十六条）

判断题

1. ×（依据《商检法实施实施条例》第十八条）
2. ×（依据《商检法实施实施条例》第二十九条）
3. √（依据《商检法实施实施条例》第三十九条）
4. ×（依据《商检法实施实施条例》第三十五条）
5. ×（依据《商检法实施实施条例》第四十一条）
6. ×（依据《商检法实施实施条例》第二十二条）
7. √（依据《商检法实施实施条例》第十九条）
8. ×（依据《商检法》第三十六条）
9. ×（依据《商检法实施实施条例》第三十一条）
10. √（依据《商检法》第三十一条）
11. ×（依据《商检法实施实施条例》第三十六条）
12. √（依据《商检法实施实施条例》第二十二条）
13. ×（依据《商检法实施实施条例》第二十一条）
14. √（依据《商检法》第三十八条）
15. ×（依据《商检法实施实施条例》第三十五条）
16. ×（依据《商检法实施实施条例》第三十四条）
17. √（依据《商检法实施实施条例》第四十九条）
18. √（依据《商检法实施实施条例》第三十条）
19. √（依据《商检法实施实施条例》第十三条）
20. ×（依据《商检法》第五条）
21. √（依据《商检法实施实施条例》第五条）
22. √（依据《商检法》第六条）
23. √（依据《商检法》第十条）
24. ×（依据《商检法》第十二条）
25. ×（依据《商检法》第十二条）
26. √（依据《商检法》第十六条）
27. ×（依据《商检法》第十九条）
28. √（依据《商检法》第三十条）
29. √（依据《商检法》第三十条）
30. √（依据《商检法》第一条）
31. ×（依据《商检法》第二十九条）
32. √（依据《商检法》第二十九条）
33. ×（依据《商检法》第三十三条）
34. ×（依据《商检法》第二十八条）
35. √（依据《商检法》第八条）

36. ×（依据《商检法》第三条）
37. ×（依据《商检法》第三条）
38. ×（依据《商检法》第三条）
39. √（依据《商检法》第九条）
40. ×（依据《商检法》第六条）
41. √（依据《商检法》第四条）
42. √（依据《商检法》第五条）
43. √（依据《商检法》第七条）
44. ×（依据《商检法》第七条）
45. ×（依据《商检法》第七条）
46. ×（依据《商检法》第七条）
47. ×（依据《商检法》第十一条）
48. √（依据《商检法》第十二条）
49. ×（依据《商检法》第十三条）
50. √（依据《商检法》第十二条）
51. √（依据《商检法》第十三条）
52. ×（依据《商检法》第十四条）
53. √（依据《商检法》第十四条）
54. ×（依据《商检法》第十四条）
55. ×（依据《商检法》第十四条）
56. √（依据《商检法》第十六条）
57. √（依据《商检法》第十五条）
58. √（依据《商检法》第十五条）
59. √（依据《商检法》第十五条）
60. ×（依据《商检法》第十六条）
61. √（依据《商检法》第十七条）
62. √（依据《商检法》第十七条）
63. ×（依据《商检法》第十五条）
64. ×（依据《商检法》第十七条）
65. ×（依据《商检法》第十七条）
66. √（依据《商检法》第十八条）
67. ×（依据《商检法》第十八条）
68. ×（依据《商检法》第十八条）
69. √（依据《商检法》第十九条）
70. ×（依据《商检法》第十九条）
71. ×（依据《商检法》第十九条）

72. ×（依据《商检法》第二十条）
73. √（依据《商检法》第二十二条）
74. √（依据《商检法》第二十三条）
75. ×（依据《商检法》第二十六条）
76. √（依据《商检法》第三十八条）
77. ×（依据《商检法》第二十五条）
78. ×（依据《商检法》第二十七条）
79. √（依据《商检法》第三十二条）
80. √（依据《商检法》第十条）
81. √（依据《商检法》第三十条）
82. √（依据《商检法》第三十一条）
83. ×（依据《商检法》第三十四条）
84. ×（依据《商检法》第三十三条）
85. √（依据《商检法》第五条）
86. √（依据《商检法》第三十九条）

名词解释

1. 答：出入境检验检疫机构对列入目录的进出口商品以及法律、行政法规规定须经出入境检验检疫机构检验的其他进出口商品实施检验。

（依据《商检法实施条例》第四条第一款）

2. 答：逃避商检罪是指违反进出口商品检验法的规定，逃避商品检验，将必须经商检机构检验的进口商品未报经检验而擅自销售、使用，或者将必须经商检机构检验的出口商品未报经检验合格而擅自出口，情节严重的行为。

（依据《刑法》第二百三十条）

3. 答：商检徇私舞弊罪，是指国家商检部门、商检机构的工作人员徇私舞弊，故意伪造检验结果，情节严重的行为。

（依据《刑法》第四百一十二条第一款）

4. 答：商检失职罪，是指出入境检验检疫机关、检验检疫机构工作人员严重不负责任，对应当检验的物品不检验，或者延误检验出证、错误出证，致使国家利益遭受重大损失的行为。

（依据《刑法》第四百一十二条第二款）

简答题

1. 答：保护人类健康和安全、保护动物或者植物的生命和健康、保护环境、防止欺诈行为、维护国家安全的原则。

（依据《商检法》第四条）

2. 答：除法律、行政法规另有规定外，法定检验的进口商品经检验，涉及人身财产安全、健康、环境保护项目不合格的，由出入境检验检疫机构责令当事人销毁，或者出具退货处理通知单并书面告知海关，海关凭退货处理通知单办理退运手续；其他项目不合格的，可以在出入境检验检疫机构的监督下进行技术处理，经重新检验合格的，方可销售或者使用。出入境检验检疫机构对检验不合格的进口成套设备及其材料，签发不准安装使用通知书。经技术处理，并经出入境检验检疫机构重新检验合格的，方可安装使用。

（依据《商检法实施条例》第十九条）

3. 答：（1）实施许可制度的进出口商品；（2）国家规定必须经过认证的进出口商品。

（依据《商检法实施条例》第十条）

4. 答：（1）易腐烂变质的商品；（2）大宗散装的商品；（3）可用作原料的固体废物；（4）已发生残损、短缺的商品。

（依据《商检法实施条例》第十八条）

5. 答：根据商检法实施条例第十八条和第二十二条规定，对进口可用作原料的固体废物设置的监管制度包括：（1）国家对进口可用作原料的固体废物的国外供货商、国内收货人实行注册登记制度，国外供货商、国内收货人在签订对外贸易合同前，应当取得国家质检总局或者出入境检验检疫机构的注册登记。（2）国家对进口可用作原料的固体废物实行装运前检验制度，进口时，收货人应当提供出入境检验检疫机构或者检验机构出具的装运前检验证书。（3）进口可用作原料的固体废物到货后，由出入境检验检疫机构在卸货口岸依法实施检验。

（依据《商检法实施条例》第二十二条，第十八条）

6. 答：（1）出口货物普惠制原产地证明；（2）区域性优惠原产地证明；（3）专用原产地证明。

（依据《商检法实施条例》第四十一条）

7. 答：（1）有权查阅、复制当事人的有关合同、发票、账簿以及其他有关资料。（2）出入境检验检疫机构对有根据认为涉及人身财产安全、健康，环境保护项目不合格的进出口商品，经本机构负责人批准，可以查封或者扣押，但海关监管货物除外。

（依据《商检法实施条例》第三十九条）

8. 答：（1）进出境的样品、礼品、暂准进出境的物品以及其他非贸易性物品免予检验，但法律、行政法规另有规定的除外。（2）法检商品符合免予检验的条件的，由收货人、发货人或生产企业申请，经国家质检总局审查批准，可免予检验。

（依据《商检法实施条例》第六条）

9. 答：（1）法定检验的进口商品应当在收货人报检时申报的目的地检验。（2）大宗散装商品、易腐烂变质商品、可用作原料的固体废物以及已发生残损、短缺的商品，应当在卸货口岸检验。（3）对前两款规定的进口商品，国家质检总局可以根据便利对外贸易和进出口商品检验工作的需要，指定在其他地点检验。

（依据《商检法实施条例》第十八条）

10. 答：对属于法定检验范围内的（1）关系国计民生的商品；（2）价值较高的商品；（3）技术复杂的的商品；（4）其他重要的进口商品和（5）大型成套设备。

（依据《商检法实施条例》第二十一条）

11. 答：进出口商品法定检验的对象主要是列入《出入境检验检疫机构实施检验检疫的进出境商品目录》（法检目录）的进出口商品，还包括法律、行政法规规定的其他必须经检验检疫机构检验的出入境货物。

（依据《商检法实施条例》第四条第一款）

案例分析题

1. 答：（1）依据《中华人民共和国进出口商品检验法实施条例》第二十二条的规定：国家允许进口的旧机电产品的收货人在签订对外贸易合同前，应当向国家质检总局或者出入境检验检疫机构办理备案手续。对价值较高，涉及人身财产安全、健康、环境保护项目的高风险进口旧机电产品，应当依照国家有关规定实施装运前检验，进口时，收货人应当提供出入境检验检疫机构或者检验机构出具的装运前检验证书。

（2）检验检疫机构应该依据《中华人民共和国进出口商品检验法实施条例》第五十一条第三款的规定对B企业实施行政处罚。《中华人民共和国进出口商品检验法实施条例》第五十一条第三款的规定：进口国家允许进口的旧机电产品未办理备案或者未按照规定进行装运前检验的，按照国家有关规定予以退货；情节严重的，由出入境检验检疫机构并处100万元以下罚款。

2. 答：（1）D企业的行为属于擅自使用未经检验的进口法检商品，违反《中华人民共和国进出口商品法》第五条和商检法实施条例第十六条的规定。

（2）检验检疫机构应当按照《中华人民共和国进出口商品检验法实施条例》第四十三条的规定，对D企业没收违法所得，并处商品货值金额5%以上20%以下罚款的行政处罚。

3. 答：（1）根据《商检法实施条例》第九条的规定，商检机构实施进出口商品检验的内容，包括是否符合安全、卫生、健康、环境保护、防止欺诈等要求以及相关的品质、数量、重量等项目。

（2）根据《商检法实施条例》第十九条的规定，除法律、行政法规另有规定外，法定检验的进口商品经检验，涉及人身财产安全、健康、环境保护项目不合格的，由出入境检验检疫机构责令当事人销毁，或者出具退货处理通知单并书面告知海关，海关凭退货处理通知单办理退运手续。其他项目不合格的，可以在出入境检验检疫机构的监督下进行技术处理，经重新检验合格的，方可销售或者使用。出入境检验检疫机构对检验不合格的进口成套设备及其材料，签发不准安装使用通知书。经技术处理，并经出入境检验检疫机构重新检验合格的，方可安装使用。

4. 答：（1）根据《商检法实施条例》第九条的规定，出入境检验检疫机构对进出口商品实施检验的内容，包括是否符合安全、卫生、健康、环境保护、防止欺诈等要求以及相关的品质、数量、重量等项目。

（2）根据《商检法实施条例》第十三条规定，可以自行办理报检手续，也可以委托代理报检企业办理报检手续。

（3）根据《商检法实施条例》第十八条的规定，该批进口货物应在报检时申报的目的地检验。

（4）根据《商检法实施条例》第三十五条的规定，应向作出检验结果的出入境检验检疫机构或者其上级出入境检验检疫机构以至国家质检总局申请复验。

（5）根据《商检法实施条例》第四十五条规定，销售、使用经法定检验不合格的进口商品，由出入境检验检疫机构责令停止销售、使用，没收违法所得和违法销售、使用的商品，并处违法销售、使用的商品货值金额等值以上 3 倍以下罚款；构成犯罪的，依法追究刑事责任。

5. 答：（1）甲公司进口废塑料未进行装运前检验，根据《商检法实施条例》第五十三条第一款、第二款规定，进口可用作原料的固体废物未进行装运前检验的，按照国家有关规定责令退货。在进口的废塑料中夹带废电池、废印刷线路板等禁止进口物品并提供假冒的装运前检验证书，属于情节严重的违法行为，由出入境检验检疫机构并处 10 万元以上 100 万元以下罚款，撤销其注册登记。

（2）甲公司报检时提供假冒装运前检验证书，属于《商检法》第三十六条和《商检法实施条例》第四十七条所指的使用伪造检验证书的违法行为，根据前述法律法规规定，构成犯罪的，依法追究刑事责任；尚不够刑事处罚的，由出入境检验检疫机构责任改正，没收违法所得，并处商品货值金额等值以下的罚款。

6. 答：（1）根据《商检法实施条例》第二十二条第二款规定，顺昌公司应在签订对外贸易合同前向国家质检总局或出入境检验检疫机构办理备案手续。顺昌公司存在进口未经备案的旧机电产品的违法行为。

（2）根据《商检法实施条例》第五十一条第三款规定，进口国家允许进口的旧机电产品未办理备案，按照国家有关规定予以退货。情节严重的并处 100 万元以下的罚款。检验检疫机构应根据此条的规定予以处理。

第二章 进出境动植物检疫法律制度

一、单选题

1. 《中华人民共和国进出境动植物检疫法》[①] 自(　　)起施行。

A. 1991 年 10 月 30 日　　B. 1992 年 10 月 30 日

C. 1991 年 4 月 1 日　　D. 1992 年 4 月 1 日

2. 《中华人民共和国进出境动植物检疫法实施条例》[②] 自(　　)实施。

A. 1996 年 1 月 1 日　　B. 1996 年 10 月 1 日

C. 1997 年 1 月 1 日　　D. 1997 年 10 月 1 日

3. 对《进出境动植物检疫法》的立法目的表述最正确的是(　　)。

A. 加强进出口商品检验工作，保证进出口商品的质量，维护对外贸易有关各方的合法权益，促进对外经济贸易关系的顺利发展。

B. 防止传染病由国外传入或者由国内传出，保护人体健康。

C. 防止动物传染病、寄生虫病和植物危险性病、虫、杂草以及其他有害生物传入、传出国境，保护农、林、牧、渔业生产和人体健康，促进对外经济贸易的发展。

D. 保证食品卫生，防止食品污染和有害因素对人体的危害，保障人民身体健康，增强人民体质。

4. 下列(　　)不属于国家禁止进境物。

A. 动植物病原体　　B. 动物产品

C. 动物尸体　　D. 土壤

5. 输入动物经检疫检出一类传染病、寄生虫病的，应采取的处理方法是(　　)。

A. 连同其同群动物全群退回或全群扑杀并销毁尸体

B. 退回或者扑杀，同群其他动物在隔离场或者其他指定地点隔离观察

C. 通知货主或者其代理人作除害、退运或者销毁处理。经除害处理合格，准予进境

D. 对检出动物在隔离场或者其他指定地点隔离观察

6. 根据《进出境动植物检疫法》的规定，(　　)不属于检验检疫机关实施动植

---

① 《中华人民共和国进出境动植物检疫法》在本书中简称《进出境动植物检疫法》。

② 《中华人民共和国进出境动植物检疫法实施条例》在本书中简称《进出境动植物检疫法实施条例》。

物检疫时行使的职权。

A. 依照本法规定登船、登车、登机实施检疫

B. 进入港口、机场、车站、邮局以及检疫物的存放、加工、养殖、种植场所实施检疫，并依照规定采样

C. 根据检疫需要，进入有关生产、仓库等场所，进行疫情监测、调查和检疫监督管理

D. 对染疫人实行隔离

7. 国外发生重大动植物疫情并可能传入中国时，(　　)应当采取紧急预防措施，必要时可以下令禁止来自动植物疫区的运输工具进境或者封锁有关口岸。

A. 国家动植物检疫机关　　B. 外交部

C. 国务院　　D. 国务院农业行政主管部门

8. 对输入动物产品和其他检疫物经检疫不合格的，下列处理方式正确的是(　　)。

A. 由口岸出入境检验检疫机关通知货主或者其代理人作禁止入境处理

B. 由口岸出入境检验检疫机关签发《检疫处理通知单》，通知货主或者其代理人作除害、退回或者销毁处理

C. 由口岸出入境检验检疫机关直接作除害、退回或者销毁处理

D. 由口岸出入境检验检疫机关签发《检疫处理通知单》，对输入动物产品和其他检疫物在指定地点隔离观察

9. 运输动植物、动植物产品和其他检疫物过境的，由承运人或者押运人持货运单和输出国家或者地区政府动植物检疫机关出具的检疫证书，(　　)。

A. 在进境和出境时向口岸出入境检验检疫机关报检

B. 在进境时向口岸出入境检验检疫机关备案，出境时向口岸出入境检验检疫机关报检

C. 在进境时向口岸出入境检验检疫机关报检，出境口岸不再检疫

D. 在进境时向口岸出入境检验检疫机关备案，出境口岸不再检疫

10. 过境动物发现有《进出境动植物检疫法》第十八条规定的名录所列的动物传染病、寄生虫病的，(　　)。

A. 全群动物不准过境　　B. 受传染的动物不准过境

C. 全群动物作隔离观察　　D. 受传染的动物作隔离观察

11. 携带、邮寄(　　)的动植物、动植物产品和其他检疫物，物主有检疫要求的，由口岸出入境检验检疫机关实施检疫。

A. 进出境　　B. 进境

C. 出境　　D. 过境

12. (　　)，由口岸出入境检验检疫机关作防疫消毒处理。

A. 进境供拆船用的废旧船舶　　B. 出境交通工具

C. 进境动植物性废弃物　　　　D. 进境车辆

13. 中华人民共和国缔结或者参加的有关动植物检疫的国际条约与动植检法有不同规定的，(　　)。但是，中华人民共和国声明保留的条款除外。

A. 适用该国际条约的规定

B. 适用动植检法的规定

C. 根据实际选择适用国际条约和动植检法

D. 适用国际惯例

14. 进境的同一批动植物产品分港卸货时，需要对外出证的，由(　　)的口岸出入境检验检疫机关汇总后统一出具检疫证书。

A. 卸毕港　　　　B. 先期卸货港

C. 报检地卸货港　　　　D. 分卸港

15. 货主或者其代理人依法办理动植物、动植物产品和其他检疫物的出境报检的手续时，应当提供(　　)。

A. 贸易合同或者协议　　　　B. 检疫证书

C. 产地证书　　　　D. 提单

16. 下列不属于对输入的动植物、动植物产品和其他检疫物实施检疫的依据是(　　)

A. 我国国家标准　　　　B. 我国行业标准

C. 国家质检总局有关动植物检疫规定　　　　D. 贸易合同订明的检疫要求

17. 输入植物种子、种苗及其他繁殖材料的，货主或者其代理人应当在进境前(　　)日报检。

A. 7　　　　B. 15

C. 30　　　　D. 45

18. 输入种畜禽及其精液、胚胎的，货主或者其代理人应当在进境前(　　)日报检。

A. 7　　　　B. 15

C. 30　　　　D. 45

19. 输入动植物、动植物产品和其他检疫物，经检疫发现有《进出境动植物检疫法》第十八条规定名录之外对农、林、牧、渔业有严重危害的其他病虫害的，口岸出入境检验检疫机关应根据情况依法通知货主或者其代理人对货物进行相应的处理，处理方式不包括(　　)。

A. 除害　　　　B. 退回

C. 销毁　　　　D. 没收

20. 邮寄植物种子、种苗及其他繁殖材料进境，未依法办理检疫审批手续的，口岸出入境检验检疫机关应当依法进行处理，下列各项中表述错误的是（　）。

A. 由口岸出入境检验检疫机关作退回或者销毁处理

B. 作退回处理的，在邮件及发递单上批注退回原因

C. 作销毁处理的，签发通知单，通知寄件人

D. 对邮寄物予以没收

21. 下列物品进境不需要办理检疫审批手续的是(　　)。

A. 种用畜禽　　B. 水生动物产品

C. 植物栽培介质　　D. 玉米淀粉

22. 下列说法错误的是(　　)。

A. 携带、邮寄植物种子、种苗及其他繁殖材料进境的，必须事先提出申请，办理检疫审批手续

B. 因特殊情况无法事先办理的，携带人或者邮寄人应当在口岸补办检疫审批手续，经审批机关同意并经检疫合格后方准进境

C. 享有外交、领事特权与豁免权的外国机构和人员公用或者自用的动植物、动植物产品和其他检疫物入境，可以不接受检验检疫机关检疫

D. 携带濒危野生动植物及其产品出境的，应当在《中华人民共和国濒危野生动植物进出口管理条例》规定的指定口岸出境

23. 输入动植物的货主或其代理人办理报检手续时，下列(　　)资料不需提交。

A. 输出国家或者地区政府动植物检疫机关出具的检疫证书

B. 产地证书

C. 贸易合同、信用证、发票

D. 疫苗接种证书

24. 经启运地口岸出入境检验检疫机关检疫合格的动植物、动植物产品和其他检疫物，运达出境口岸时，植物、动植物产品和其他检疫物从启运地随原运输工具出境的，由出境口岸出入境检验检疫机关(　　)。

A. 备案放行　　B. 验证放行

C. 直接放行　　D. 检验放行

25. 携带动物进境，必须持有输出动物的国家或者地区政府动植物检疫机关出具的检疫证书，经检疫合格后放行；携带犬、猫等宠物进境的还必须持有(　　)。

A. 卫生合格证书　　B. 动物检疫证书

C. 疫苗接种证书　　D. 兽医卫生证书

26.《进出境动植物检疫法》规定“其他检疫物”是指动物疫苗、血清、诊断液、(　　)等。

A. 动物　　B. 动物产品

C. 植物产品　　D. 动植物性废弃物

27. 下列违法行为，(　　)可以适用吊销动植物检疫单证的行政处罚。

A. 未依法办理动植物检疫审批手续的

B. 伪造、变造动植物检疫单证、印章、标志、封识的

C. 擅自调离或者处理在口岸出入境检验检疫机关指定的隔离场所中隔离检疫的动植物的

D. 报检的动植物、动植物产品或者其他检疫物与实际不符的

28. 下列各项中，(　　)不是动植物检疫处理的方式。

A. 退回　　B. 销毁

C. 熏蒸、消毒　　D. 留验

29. 伪造、变造动植物检疫单证、印章、标志、封识，尚不构成犯罪或者犯罪情节显著轻微依法不需要判处刑罚的，由出入境检验检疫机关处(　　)的罚款。

A. 5000 元以下　　B. 3000 元以上 30000 元以下

C. 10000 元以上 50000 元以下　　D. 20000 元以上 50000 元以下

30. 来自动植物疫区的船舶、飞机、火车抵达口岸，经检疫发现有《进出境动植物检疫法》第十八条规定的名录所列的病虫害的，出入境检验检疫机关进行的处理措施不包括(　　)。

A. 补办检疫审批手续　　B. 除害

C. 封存或销毁　　D. 不准带离运输工具

31. 对于未经出入境检验检疫机关许可擅自将进境、过境动植物、动植物产品和其他检疫物卸离运输工具或运递的违法行为，应处以(　　)。

A. 5000 元以下的罚款　　B. 20000 元以上 50000 元以下罚款

C. 吊销检疫单证　　D. 3000 元以上 30000 元以下罚款

32. 输入动物、动物产品、植物种子、种苗及其他繁殖材料的，必须事先提出申请，办理(　　)手续。

A. 检疫审批　　B. 报检

C. 检疫监管　　D. 注册登记

33. 输入种用大中家畜的隔离检疫，应当在(　　)实施。

A. 直属检验检疫机关指定的动物隔离检疫场所

B. 临时动物隔离检疫场所

C. 国家质检总局设立的动物隔离检疫场所

D. 货主自建的动物隔离检疫场所

34. 输出动植物、动植物产品和其他检疫物的检疫依据不包括(　　)。

A. 输入国家或者地区和中国有关动植物检疫规定

B. 双边检疫协定

C. 贸易合同中订明的检疫要求

D. 国际通行做法

35. 输入动物，检出二类传染病、寄生虫病的，退回或者扑杀，同群其他动物在

隔离场或者其他指定地点(　　)。

A. 扑杀　　B. 销毁

C. 隔离观察　　D. 退回

36. 输入植物、植物产品和其他检疫物，经检疫发现有植物危险性病、虫、杂草的，通知货主或者其代理人进行处理的方式不包括(　　)。

A. 除害　　B. 隔离种植

C. 退回　　D. 销毁

37. 擅自调离或者处理指定的隔离场所中隔离检疫的动植物的违法行为，应处(　　)。

A. 5000 元以下的罚款　　B. 3000 元以上 30000 元以下的罚款

C. 20000 元以上的罚款　　D. 吊销检疫单证

38. 输入烟草类、粮谷类的检疫审批，由(　　)负责。

A. 国家质检总局　　B. 农业部

C. 林业部　　D. 直属检验检疫机关

39. 下列(　　)，不属办理进境检疫审批手续的条件。

A. 输出国家或者地区无重大动植物疫情

B. 符合中国有关动植物检疫法律、法规、规章的规定

C. 输入国家或者地区无重大动植物疫情

D. 符合中国与输出国家或者地区签订的有关双边检疫协定（含检疫协议、备忘录等）

40. 检疫审批手续应当在(　　)办妥。

A. 贸易合同或者协议签订前　　B. 贸易合同或者协议签订后装船前

C. 货物报检前　　D. 货物运抵口岸前

41. 办理进境检疫审批手续后，下列(　　)情况，货主、物主或者其代理人无须重新申请办理检疫审批手续。

A. 变更进境物的品种或者数量的　　B. 变更输出国家或者地区的

C. 变更包装的　　D. 超过检疫审批有效期的

42. 国家对向中国输出动植物产品的国外生产、加工、存放单位，实行(　　)制度。

A. 注册登记　　B. 监督管理

C. 备案　　D. 现场检疫

43. 输入(　　)，应当在进境前 30 日报检。

A. 种畜禽及其精液、胚胎　　B. 种畜

C. 种畜精液　　D. 种畜精液、胚胎

44. 输入除种畜禽之外的其他动物的，货主或其代理人应当在进境前(　　)日报检。

A. 7　　B. 15

C. 30　　D. 45

45. 装载动物的运输工具抵达口岸时，上下运输工具或者接近动物的人员，应当接受出入境检验检疫机关实施的(　　)，并执行其采取的其他现场预防措施。

A. 除害处理　　B. 隔离检疫

C. 检疫监督　　D. 防疫消毒

46.《进出境动植物检疫法实施条例》规定，输入动物不同隔离检疫时间也不同。其中，输入种用大中家畜的，应当隔离检疫(　　)日；输入其他动物的，应当隔离检疫(　　)日。

A. 30；45　　B. 45；30

C. 15；30　　D. 45；15

47. 根据检疫需要，并商输出动植物、动植物产品国家或者地区政府有关机关同意，国家质检总局可以派检疫人员进行的工作不包括(　　)。

A. 预检　　B. 监装

C. 产地疫情调查　　D. 检疫监督

48. 从国外引进林木种子、林木种苗的检疫审批，由(　　)负责。

A. 国家质检总局　　B. 农业部门

C. 林业部门　　D. 直属检验检疫机关

49. 运输转基因产品过境的，货主或其代理人应当事先向(　　)提出过境许可申请，取得《转基因产品过境转移许可证》后方可过境。

A. 农业部门　　B. 国家质检总局

C. 林业部门　　D. 直属检验检疫机关

50. 货主或其代理人申请转基因产品过境许可申请时，应当提交的资料不包括(　　)。

A. 输出国家或者地区有关部门出具的国（境）外已进行相应的研究证明文件

B. 转基因产品的用途说明

C. 我国允许作为转基因产品作为相应用途并投放市场的证明文件

D. 拟采取的安全防范措施

51. 进境的同一批动植物产品分港卸货时，检验检疫机关实施检疫的范围是(　　)。

A. 船上全部货物

B. 本港卸下的货物

C. 根据疫情情况决定对全部货物或是本港卸下货物

D. 需要出具检疫证书的货物

二、多选题

1. 依照《中华人民共和国进出境动植物检疫法》规定实施检疫的范围包括( )。

A. 进出境的动植物、动植物产品和其他检疫物

B. 装载动植物、动植物产品和其他检疫物的装载容器、包装物

C. 来自动植物疫区的运输工具

D. 来自卫生疫区的运输工具

2. 口岸出入境检验检疫机关在实施检疫时可以行使下列( )职权。

A. 依照本法规定登船、登车、登机实施检疫

B. 进入港口、机场、车站、邮局以及检疫物的存放、加工、养殖、种植场所实施检疫，并依照规定采样

C. 根据检疫需要，进入有关生产、仓库等场所，进行疫情监测、调查和检疫监督管理

D. 查阅、复制、摘录与检疫物有关的运行日志、货运单、合同、发票及其他单证

3. 出入境检验检疫机关对进出境动植物、动植物产品的( )过程，实行检疫监督制度。

A. 生产　　B. 加工

C. 存放　　D. 销售

4. 下列( )项不属于检验检疫机关对国家禁止进境物的处理方式。

A. 退回　　B. 销毁

C. 除害处理　　D. 隔离检疫

5. 过境的动物的( )，必须按照出入境检验检疫机关的规定处理，不得擅自抛弃。

A. 尸体　　B. 排泄物

C. 铺垫材料　　D. 其他废弃物

6. 来自动植物疫区的船舶、飞机、火车抵达口岸时，发现有《进出境动植物检疫法》第十八条规定名录所列病虫害的，口岸检验检疫机关应当实施( )处理。

A. 不准带离运输工具　　B. 除害

C. 退货　　D. 销毁处理

7. 下列( )行为，出入境检验检疫机关可处以3000元以上3万元以下的罚款。

A. 未报检或者未依法办理检疫审批手续的

B. 未经口岸出入境检验检疫机关许可擅自将进境动植物、动植物产品或者其他

检疫物卸离运输工具或者运递的

C. 擅自调离或者处理在口岸出入境检验检疫机关指定的隔离场所中隔离检疫的动植物的

D. 报检的动植物、动植物产品或者其他检疫物与实际不符

8.《进出境动植物检疫法》所指的植物包括(　　)。

A. 栽培植物及野生植物

B. 栽培植物及野生植物的种子、种苗

C. 栽培植物及野生植物的其他繁殖材料

D. 栽培植物及野生植物经加工但仍有可能传播病虫害的产品

9. 输入活动物的，货主或者其代理人办理报检手续时应当提交的报检资料包括(　　)。

A. 输出国家或者地区政府动植物检疫机关出具的检疫证书

B. 贸易合同

C. 产地证书

D. 检疫审批证明

10. 办理进境检疫审批手续后，有下列(　　)情况的，货主、物主或者其代理人应当重新申请办理检疫审批手续。

A. 变更进境物的品种或者数量的　B. 变更输出国家或者地区的

C. 变更进境口岸的　D. 超过检疫审批有效期的

11. 对输入动植物、动植物产品和其他检疫物，下列做法正确的是(　　)。

A. 货主或者其代理人应当在进境前或者进境时向进境口岸检验检疫机关报检

B. 输入动植物、动植物产品和其他检疫物必须在入境口岸完成检验检疫，不得作调离或者转关

C. 属于调离海关监管区检疫的，运达指定地点时，货主或者其代理人应当通知有关口岸检验检疫机关

D. 属于转关货物的，货主或者其代理人应当在进境时向进境口岸检验检疫机关申报；到达指运地时，应当向指运地口岸检验检疫机关报检

12. 携带物有下列(　　)情况之一的，检验检疫机关按照有关规定予以限期退回或者作销毁处理。

A. 所提交单证不符的

B. 未能提供相关有效单证而暂时截留的携带物，在截留期限内未能补交的

C. 经检疫（包括现场检疫）不合格又无有效卫生除害处理方法的

D. 入境动物超过限额的

13. 有下列(　　)行为的，出入境检验检疫机关可处5000元以下罚款。

A. 未报检的

B. 报检的动植物、动植物产品和其他检疫物与实际不符的

C. 未依法办理检疫审批手续或者未按检疫审批的规定执行的

D. 擅自调离或者处理在口岸出入境检验检疫机关指定的隔离场所中隔离检疫的动植物的

14. 有下列(　　)行为的，依法追究刑事责任；尚不构成犯罪或者犯罪情节显著轻微依法不需要判处刑罚的，由出入境检验检疫机关处 2 万元以上 5 万元以下的罚款。

A. 未经口岸出入境检验检疫机关许可擅自将进境、过境动植物、动植物产品和其他检疫物卸离运输工具或者运递的

B. 擅自调离或者处理在口岸出入境检验检疫机关指定的隔离场所中隔离检疫的动植物的

C. 引起重大动植物疫情的

D. 伪造、变造动植物检疫单证、印章、标志、封识的

15. 下列说法正确的是(　　)。

A. 携带、邮寄植物种子、种苗及其他繁殖材料进境的，必须事先办理检疫审批手续

B. 禁止携带动物进境

C. 邮寄进境的动植物、动植物产品和其他检疫物经检疫不合格又无有效方法作除害处理的，作没收处理

D. 邮寄进境的动植物、动植物产品和其他检疫物，经检疫或者除害处理合格后放行

16. 下列各物属国家禁止进境的是(　　)。

A. 动物尸体　　B. 土壤

C. 动植物病原体　　D. 植物栽培介质

17. 携带犬或者猫进境的，必须持有的证书资料包括(　　)。

A. 输出动物的国家或者地区政府动植物检疫机关出具的检疫证书

B. 疫苗接种证书

C. 检疫审批许可证

D. 进出口证明书

18. 下列(　　)情形，涉嫌构成动植物检疫徇私舞弊罪，应予立案。

A. 为徇私情私利，采取伪造、变造的手段对检疫的单证、印章、标志、封识等作虚假的证明或者出具不真实的结论的

B. 不检疫或者延误检疫出证、错误出证，引起国际经济贸易纠纷，严重影响国家对外经贸关系，或者严重损害国家声誉的

C. 将送检的合格动植物检疫为不合格，或者将不合格动植物检疫为合格的

D. 对明知是不合格的动植物，不检疫而出具合格检疫结果的

19. 装载动物的运输工具抵达口岸时，出入境检验检疫机关应当采取现场预防措

施，对(　　)作防疫消毒处理。

A. 上下运输工具或者接近动物的人员

B. 动物

C. 装载动物的运输工具

D. 被污染的场地

20. 装载过境动物的(　　)，必须符合中国动植物检疫的规定。

A. 运输工具　　B. 装载容器

C. 饲料　　D. 铺垫材料

21. 运输动物过境的，应当遵守的规定包括下列(　　)。

A. 过境动物的饲料受病虫害污染的，作除害、不准过境或者销毁处理

B. 未经出入境检验检疫机关批准不得卸离运输工具

C. 按照指定的口岸和路线过境

D. 过境动物的排泄物经包装后可以抛弃

22. 当国外发生重大动植物疫情并可能传入中国时，可以采取的紧急预防措施包括(　　)。

A. 国务院农业部门可以对相关边境区域采取控制措施

B. 必要时国务院可以下令禁止来自动植物疫区的运输工具进境或者封锁有关口岸

C. 有关口岸检验检疫机关可以对可能受病虫害污染的进境动植物、动植物产品、装载容器、包装物、铺垫材料、运输工具等采取紧急检疫处理措施

D. 受动植物疫情威胁地区的地方人民政府可以立即组织有关部门制定并实施应急方案，同时向上级人民政府和国家动植物检疫机关报告

23. 要求运输动物过境的，货主或者其代理人必须事先向国家质检总局提出书面申请，提交(　　)。国家质检总局审查同意后，签发《动物过境许可证》。

A. 输出国家或者地区政府动植物检疫机关出具的疫情证明

B. 输入国家或者地区政府动植物检疫机关出具的准许该动物进境的证件

C. 说明拟过境的路线

D. 进境防疫措施说明

24. 因科学研究等特殊需要，办理禁止进境物特许检疫审批手续时，货主、物主或者其代理人必须提交书面申请，说明(　　)，并附具有关口岸出入境检验检疫机关签署的意见。

A. 数量　　B. 用途

C. 引进方式　　D. 进境后的防疫措施

25. 经检疫合格的出境动植物、动植物产品和其他检疫物，有下列(　　)情形之一的，货主或者其代理人应当重新报检。

A. 更改输入国家或者地区　　B. 改换包装

C. 超过检疫规定有效期限　　D. 原未拼装后来拼装

26. 来自动植物疫区的船舶、飞机、火车抵达口岸时，出入境检验检疫机关对检疫发现有《进出境动植物检疫法》第十八条规定名录所列病虫害的，处理方式包括(　　)。

A. 不准带离运输工具　　B. 除害

C. 封存　　D. 销毁

27. 通过贸易、科技合作、交换、赠送、援助等方式输入动植物、动植物产品和其他检疫物的，应当在合同或者协议中订明的检疫要求包括(　　)。

A. 我国法律规定的动植物检疫要求

B. 我国行政法规规定的动植物检疫要求

C. 国务院农业主管部门规定的动植物检疫要求

D. 输出国法律规定的动植物检疫要求

28. 输入(　　)的，必须事先提出申请，办理检疫审批手续。

A. 动物　　B. 植物种苗

C. 动物产品　　D. 土壤

29. 以下(　　)是进境转基因产品报检时应当遵守的规定。

A. 在报检单“货物名称”栏中注明为转基因产品

B. 提供《农业转基因生物安全证书》或相关批准文件

C. 提供《农业转基因生物标识审查认可批准文件》

D. 提供《转基因产品过境转移许可证》

30. 下列关于检验检疫机关对进境转基因产品实施检验检疫的描述正确的是(　　)。

A. 对实施标识管理的进境转基因产品应当核查标识

B. 对所有进境实施转基因项目符合性检测

C. 对实施标识管理的进境转基因产品实施转基因项目符合性检测

D. 对实施标识管理的农业转基因生物目录以外的进境动植物产品不得实施转基因项目抽查检测

31. 检验检疫机关对输入的动植物、动植物产品及其他检疫物实施动植物检疫的依据包括(　　)。

A. 我国国家标准　　B. 我国行业标准

C. 质检总局规定　　D. 贸易合同订明的检疫要求

32. 对船舶、火车装运的大宗动植物产品的检疫程序，以下描述正确的是(　　)。

A. 应当就地分层检查

B. 限于港口、车站的存放条件不能就地检查的，经检验检疫机关同意，可以边卸载边疏运，将动植物产品运往指定的地点存放

C. 卸货过程检疫发现疫情的，应当尽快卸完货物，由货主或者其代理人按照检验检疫机关的要求对货物作除害处理，并采取防止疫情扩散的措施

D. 对被病虫害污染的装卸工具和场地应当作除害处理

33. 下列关于输出植物、动植物产品和其他检疫物的检疫，描述正确的是(　　)。

A. 输出植物、动植物产品和其他检疫物在仓库或者货场实施检疫

B. 根据需要，也可以在生产、加工过程中实施检疫

C. 部分产品需经隔离检疫，在检验检疫机关指定的隔离场所实施

D. 待检出境植物、动植物产品和其他检疫物应当数量齐全，包装完好，堆放整齐、唛头标记明显

34. 下列关于来自动植物疫区的船舶、飞机、火车检疫的描述，正确的是(　　)。

A. 检验检疫机关对来自动植物疫区的船舶、飞机、火车可以登船、登机、登车实施现场检疫

B. 检验检疫机关应当对运输工具可能隐藏病虫害的餐车、配餐间、厨房、储藏室、食品舱等动植物产品存放、使用场所和泔水、动植物性废弃物的存放场所以及集装箱箱体等区域或者部位实施检疫

C. 来自动植物疫区的船舶、飞机、火车，经检疫发现有禁止进境的动植物、动植物产品和其他检疫物的，必须作熏蒸、消毒或者其他除害处理

D. 对运输工具上的泔水、动植物性废弃物及其存放场所、容器，应当在检验检疫机关监督下作除害处理

三、判断题

1. 通过贸易、科技合作、交换、赠送、援助等方式输入动植物、动植物产品和其他检疫物的，应当在合同或者协议中订明双方商定的检疫要求。(　　)

2. 在任何情况下，都不得引进动植物检疫禁止进境物。(　　)

3. 要求运输动物过境的，必须事先商得中国国家出入境检验检疫机关同意，并按照指定的口岸和路线过境。(　　)

4. 输出动植物、动植物产品和其他检疫物，检疫不合格又无有效方法作除害处理的，不准出境。(　　)

5. 携带农业转基因生物入境的，应当提供《农业转基因生物安全证书》和输出国家或者地区官方机构出具的检疫证书。列入农业转基因生物标识目录的进境转基因生物，应当按照规定进行标识，携带人还应当提供国务院农业行政主管部门出具的农业转基因生物标识审查认可批准文件。(　　)

6. 进境供拆解用的废旧船舶，由口岸出入境检验检疫机关实施动植物检疫。(　　)

7. 进出境动植物检疫的范围就是进出境的动植物、动植物产品和其他检疫物。
8. 输出动植物、动植物产品和其他检疫物，经启运地口岸动植物检疫机关检疫合格的，运达出境口岸时，运输、邮电部门凭启运地口岸动植物检疫机关签发的检疫单证运递，国内其他检疫机关不再检疫。(　　)
9. 《进出境动植物检疫法》规定的“其他检疫物”是指除了动植物、动植物产品以外的所有应实施动植物检疫的货物和物品。(　　)
10. 进境、过境运输工具在中国境内停留期间，交通员工和其他人员需要将所装载的动植物、动植物产品和其他检疫物带离运输工具，应当向口岸出入境检验检疫机关报检。(　　)
11. 进出境动物和植物种子、种苗及其他繁殖材料，需要隔离饲养、隔离种植的，在隔离期间，口岸出入境检验检疫机关不再实施检疫监督。(　　)
12. 输出动物均应实施隔离检疫，在口岸出入境检验检疫机关指定的隔离场所实施。(　　)
13. 口岸出入境检验检疫机关对来自动植物疫区的船舶、飞机、火车，可以登船、登机、登车实施现场检疫。(　　)
14. 装载进境动植物、动植物产品和其他检疫物的车辆，经检疫发现病虫害的，其装载的货物不需一并作除害处理。(　　)
15. 进境拆解的废旧船舶，应当实施动植物检疫。(　　)
16. 动植物性包装物、铺垫材料进境时，货主或者其代理人应当及时向口岸出入境检验检疫机关申报；出入境检验检疫机关可以根据具体情况对申报物实施检疫。(　　)
17. 海关、边防等部门截获的非法进境的动植物、动植物产品和其他检疫物，应当就近交由口岸出入境检验检疫机关检疫。(　　)
18. 对输入的动植物性包装物、铺垫材料，检疫人员在实施现场检疫时应当检查是否携带病虫害、混藏杂草种子、沾带土壤，并按照规定采取样品。(　　)
19. 从事进出境动植物检疫熏蒸、消毒处理业务的单位和人员，不按照规定进行熏蒸和消毒处理的，可以视情节取消其熏蒸、消毒资格。(　　)
20. 口岸出入境检验检疫机关对进出过境的动植物、动植物产品和其他检疫物依法实施检疫，对其装载容器、包装物、铺垫材料不实施检疫。(　　)
21. 对过境植物、动植物产品和其他检疫物，口岸出入境检验检疫机关检查运输工具或者包装，经检疫合格的，准予过境；发现有《进出境动植物检疫法》第十八条规定的名录所列的病虫害的，作除害处理或者不准过境。(　　)
22. 进境动物（含过境动物）、动物产品以及需要特许审批的禁止进境物（如菌种、毒种等）的检疫审批，货主及其代理人可以在报检后向出入境检验检疫机关提出申请。(　　)
23. 国家质检总局统一负责从国外引进种子、苗木和其他繁殖材料的检疫审批。

(　　)

24. 出入境检疫机关的检疫人员徇私舞弊，伪造检疫结果的，处三年以下有期徒刑或者拘役；造成严重后果的，处三年以上十年以下有期徒刑。(　　)

25. 出入境检验检疫机关对擅自调离或处理在口岸检验检疫机关指定的隔离场所中隔离检疫的动植物的违法行为，可处以5000元以下的罚款。(　　)

26. 邮寄进境的动植物、动植物产品和其他检疫物，由出入境检验检疫机关在国际邮件互换局实施检疫。邮局应当提供必要的工作条件。(　　)

27. 对截留（包括暂时截留）后经检疫合格限期领取或者限期退回的携带物，逾期不领取或者出入境人员书面声明自动放弃的，视同无人认领物，由检验检疫机关按照有关规定处理。(　　)

28. 《进出境动植物检疫法》规定须实施检疫的“植物产品”，是指来源于植物未经加工可能传播病虫害的产品，已经加工的植物产品，不属须实施检疫的产品范围。(　　)

29. 运输动物产品过境的，应当事先取得国家质检总局签发的《动物过境许可证》。(　　)

30. 经检疫合格的出境动植物、动植物产品和其他检疫物更改输入国家或者地区的，货主或者其代理人应当重新报检。(　　)

31. 通过贸易、科技合作、交换、赠送、援助等方式输入动植物、动植物产品和其他检疫物的，应当在合同或者协议中订明中国法定的检疫要求，并订明必须附有输出国家或者地区政府动植物检疫机关出具的检疫证书。(　　)

32. 在分卸港实施检疫中发现疫情并必须进行船上熏蒸、消毒时，由卸毕港的检验检疫机关统一出具检疫证书，并及时通知其他分卸港的检验检疫机关。(　　)

33. 输入动植物、动植物产品和其他检疫物经检疫合格的，由口岸动植物检验检疫机关在报关单上加盖印章或者签发《检疫放行通知单》。运输、邮电部门凭单运递，运递期间国内其他检疫机关不再检疫。(　　)

34. 过境动物运达进境口岸时，由进境口岸检验检疫机关对运输工具、容器的外表进行消毒并对动物进行临床检疫，经检疫合格的，准予过境。(　　)

35. 装载过境植物、动植物产品和其他检疫物的运输工具和包装物、装载容器必须完好。运输工具或者包装物、装载容器有可能造成途中散漏的，承运人或者押运人应当按照口岸检验检疫机关要求采取密封措施；无法采取密封措施的，不准过境。(　　)

36. 检验检疫机关可以在港口、机场、车站的旅客通道、行李提取或者托运处等现场，对出入境人员携带物进行检查，对出入境人员可能携带应当申报而未申报的动植物、动植物产品和其他检疫物，检验检疫机关可以进行查询并抽检其物品，必要时可以开箱（包）检查。(　　)

37. 装载植物、动植物产品和其他检疫物出境的运输工具，装载前应当在口岸检验检疫机关监督下进行消毒处理。(　　)

四、名词解释

（根据《进出境动植物检疫法》及其实施条例解释下列词语）

1. 动物
2. 动物产品
3. 植物产品
4. 植物种子、种苗及其他繁殖材料
5. 装载容器
6. 其他有害生物

五、简答题

1. 根据《进出境动植物检疫法实施条例》规定，需要实施动植物检疫的范围包括哪些？

2. 检验检疫机关对输出的动植物、动植物产品及其他检疫物实施动植物检疫的依据包括哪些？

3. 请简述国家禁止进境物的范围。

4. 请简述办理进境检疫审批手续应当符合的条件。

5. 请简述办理进境检疫审批手续后应当重新申请办理的情形。

六、案例分析题

1. 某公司向某口岸检验检疫局申报进口一批“筒状非洲楝木（带树皮）”。该批原木原产地为喀麦隆，包装规格为捆装，计 4 个 40 尺（12m）集装箱，85.592m^3，货值 52639.08 美元。某口岸工作人员现场检疫在一个集装箱截获两头活的小蠹虫（一雌一雄），经某局动植中心鉴定，为重要的检疫性有害生物散溢长小蠹（Platypus solutus Schedl），并且在另一个集装箱发现一条已死亡的非洲野狗（疑为采伐树木时钻入集装箱）。

（1）该批货物报检时应提供什么资料？

（2）检验检疫人员对上述申报的货物实施现场检疫的内容？

（3）检验检疫人员对原木检疫发现有检疫性有害生物活蠹虫的，可以作何处理？

（4）检验检疫人员对检疫发现的死亡非洲野狗应作何处理？

2. 某口岸检验检疫局受理了一批产自加拿大的冻猪腹皮和两批美国产冻猪前脚。现场查验发现部分冻肉产品出现变质，按要求对此 3 批货物进行抽样送检工作，检测结果为两批含有莱克多巴胺，一批检出沙门氏菌，不符合中华人民共和国国家标准。

（1）该批货物将如何报检？

（2）检疫人员对上述申报的货物实施现场检疫的内容？

（3）检疫人员实施现场检疫发现上述问题将作何处理？

3. 某旅客从欧洲旅游归来，携带2条萨摩犬从我国某口岸入境。

请问：（1）旅客携带动物进境的应符合哪些规定？

（2）如果该旅客申报资料缺失或者有其他不符合规定的情形，检验检疫机关应当如何处理？

4. 某畜牧贸易公司经某口岸输出一批生猪到境外某地区（该地区为动植物疫区），该公司货运车辆经另一口岸空车返回，入境时该口岸在该车辆驾驶室查获5箱产自菲律宾的芒果。该批芒果无任何检验检疫证明文件，也未办理任何申报手续。

请问：（1）出入境检验检疫机关对于进境车辆检疫的规定包括哪些？

（2）对该货运车辆运输芒果未申报行为，出入境检验检疫机关可以如何处理？

（3）出入境检验检疫机关对上述回空车辆查获的芒果应当如何处理？

5. 某钢铁公司从某国（非动植物疫区）购得进境拆解的废旧船舶一批，经我国某口岸入境，经现场检疫人员查验，发现该批废旧船舶夹带着部分土壤。

请问：（1）该口岸检验检疫机关该批废旧船舶实施检疫的依据是什么？

（2）检验检疫人员对船舶夹带的土壤或其他病虫害应当如何处理？

七、参考答案

单选题

1. D（依据进出境动植物法律制度概述/我国进出境动植物检疫法律制度体系构成）

2. C（依据进出境动植物法律制度概述/我国进出境动植物检疫法律制度体系构成）

3. C（依据《进出境动植物检疫法》第一条）

4. B（依据《进出境动植物检疫法》第五条）

5. A（依据《进出境动植物检疫法》第十六条）

6. D（依据《进出境动植物检疫法》第四条）

7. C（依据《进出境动植物检疫法》第六条）

8. B（依据《进出境动植物检疫法》第十六条）

9. C（依据《进出境动植物检疫法》第二十四条）

10. A（依据《进出境动植物检疫法》第二十五条）

11. C（依据《进出境动植物检疫法》第三十三条）

12. D（依据《进出境动植物检疫法》第三十五条）

13. A（依据《进出境动植物检疫法》第四十七条）

14. A（依据《进出境动植物检疫法实施条例》第二十五条）

15. A（依据《进出境动植物检疫法实施条例》第三十一条）

16. D（依据《进出境动植物检疫法实施条例》第二十六条）
17. A（依据《进出境动植物检疫法实施条例》第十八条）
18. C（依据《进出境动植物检疫法实施条例》第十八条）
19. D（依据《进出境动植物检疫法》第十九条）
20. D（依据《进出境动植物检疫法实施条例》第四十条）
21. D（依据检疫审批/须办理检疫审批产品范围）
22. C（依据《出入境人员携带物检疫管理办法》第十四条）
23. D（依据《进出境动植物检疫法》第十二条）
24. B（依据《进出境动植物检疫法实施条例》第三十五条）
25. C（依据《进出境动植物检疫法实施条例》第四十三条）
26. D（依据《进出境动植物检疫法》第四十六条）
27. D（依据《进出境动植物检疫法》第四十条）
28. D（依据《进出境动植物检疫法》第十九条）
29. D（依据《进出境动植物检疫法实施条例》第六十二条）
30. A（依据《进出境动植物检疫法》第三十四条）
31. D（依据《进出境动植物检疫法实施条例》第六十条）
32. A（依据《进出境动植物检疫法》第十条）
33. C（依据《进出境动植物检疫法实施条例》第二十四条）
34. D（依据《进出境动植物检疫法实施条例》第三十四条）
35. C（依据《进出境动植物检疫法》第十六条）
36. B（依据《进出境动植物检疫法》第十七条）
37. B（依据《进出境动植物检疫法实施条例》第六十条）
38. A（检疫审批/须办理检疫审批产品范围、检疫审批机关）
39. C（依据《进出境动植物检疫法实施条例》第十条）
40. A（依据《进出境动植物检疫法实施条例》第十一条）
41. C（依据《进出境动植物检疫法实施条例》第十五条）
42. A（依据《进出境动植物检疫法实施条例》第十七条）
43. A（依据《进出境动植物检疫法实施条例》第十八条）
44. B（依据《进出境动植物检疫法实施条例》第十八条）
45. D（依据《进出境动植物检疫法实施条例》第二十一条）
46. B（依据《进出境动植物检疫法实施条例》第二十四条）
47. D（依据《进出境动植物检疫法实施条例》第二十九条）
48. C（依据检疫审批/检疫审批机关）
49. B（依据过境物、携带邮寄物、运输工具检疫/过境（含转运）动植物及其产品检疫）
50. C（依据《进出境转基因产品检验检疫管理办法》第十二条）

51. B（依据《进出境动植物检疫法实施条例》第二十五条）

多选题

1. ABC（依据《进出境动植物检疫法》第二条）

2. ABCD（依据《进出境动植物检疫法》第四条）

3. ABC（依据《进出境动植物检疫法》第七条）

4. CD（依据《进出境动植物检疫法》第五条）

5. ABCD（依据《进出境动植物检疫法》第二十五条）

6. ABD（依据《进出境动植物检疫法》第三十四条）

7. BC（依据《进出境动植物检疫法实施条例》第六十条）

8. A、B、C（依据《进出境动植物检疫法》第四十六条）

9. ABCD（依据《进出境动植物检疫法实施条例》第十九条）

10. ABCD（依据《进出境动植物检疫法实施条例》第十五条）

11. ACD（依据《进出境动植物检疫法实施条例》第十八条）

12. ABCD（依据过境物、携带邮寄物、运输工具检疫/出入境人员携带物检疫/检疫程序/检疫处理和放行）

13. ABC（依据《进出境动植物检疫法实施条例》第五十九条）

14. CD（依据《进出境动植物检疫法实施条例》第六十二条）

15. AD（依据《进出境动植物检疫法》第二十八条、第三十条、第三十二条）

16. ABC（依据《进出境动植物检疫法》第五条）

17. AB（依据《进出境动植物检疫法实施条例》第四十三条）

18. ACD（依据法律责任/检验检疫机关工作人员违法行为及其法律责任/刑事违法行为及其法律责任）

19. ACD（依据《进出境动植物检疫法》第十三条）

20. ABCD（依据《进出境动植物检疫法》第二十三条）

21. ABC（依据《进出境动植物检疫法》第二十三条、第二十五条、第二十七条）

22. BCD（依据《进出境动植物检疫法实施条例》第四条）

23. ABC（依据《进出境动植物检疫法实施条例》第十三条）

24. ABCD（依据《进出境动植物检疫法实施条例》第十四条）

25. BCD（依据《进出境动植物检疫法》第二十二条）

26. ABCD（依据《进出境动植物检疫法》第三十四条）

27. ABC（依据《进出境动植物检疫法》第十一条，《进出境动植物检疫法实施条例》第十六条）

28. ABC（依据《进出境动植物检疫法》第五条、第十条）

29. ABC（依据《进出境转基因产品检验检疫管理办法》第七条，进境检疫/进境检疫主要程序/报检）

30. AC（依据《进出境转基因产品检验检疫管理办法》第九条，进境检疫/进境

检疫主要程序/现场检疫）

31. ABC（依据《进出境动植物检疫法实施条例》第二十六条）

32. ABD（依据《进出境动植物检疫法实施条例》第二十三条）

33. ABC（依据《进出境动植物检疫法实施条例》第三十三条）

34. ABD（依据《进出境动植物检疫法实施条例》第四十六条、第四十七条）

判断题

1. ×（依据《进出境动植物检疫法》第十一条）

2. ×（依据《进出境动植物检疫法》第五条）

3. √（依据《进出境动植物检疫法》第二十三条）

4. √（依据《进出境动植物检疫法》第二十一条）

5. √（依据过境物、携带邮寄物、运输工具检疫/过境（含转运）动植物及其产品检疫，《出入境人员携带物检疫管理办法》第三十条）

6. √（依据《进出境动植物检疫法》第三十八条）

7. ×（依据《进出境动植物检疫法实施条例》第二条）

8. √（依据《进出境动植物检疫法实施条例》第三十六条）

9. ×（依据《进出境动植物检疫法》第四十六条）

10. √（依据《进出境动植物检疫法实施条例》第五十一条）

11. ×（依据《进出境动植物检疫法实施条例》第五十四条）

12. ×（依据《进出境动植物检疫法实施条例》第三十三条）

13. √（依据《进出境动植物检疫法实施条例》第四十六条）

14. ×（依据《进出境动植物检疫法实施条例》第四十八条）

15. √（依据《进出境动植物检疫法实施条例》第四十九条）

16. √（依据《进出境动植物检疫法实施条例》第十八条）

17. √（依据《进出境动植物检疫法实施条例》第三十条）

18. √（依据《进出境动植物检疫法实施条例》第二十二条）

19. √（依据《进出境动植物检疫法实施条例》第六十三条）

20. ×（依据《进出境动植物检疫法实施条例》第二条）

21. √（依据《进出境动植物检疫法》第二十六条）

22. ×（依据《进出境动植物检疫法》第十条）

23. ×（依据《进出境动植物检疫法实施条例》第九条）

24. ×（依据法律责任/检验检疫机关工作人员违法行为及其法律责任/刑事违法行为及其法律责任）

25. ×（依据《进出境动植物检疫法实施条例》第六十条）

26. √（依据《进出境动植物检疫法实施条例》第四十四条）

27. √（过境物、携带邮寄物、运输工具检疫/出入境人员携带物检疫/检疫程序/检疫处理和放行）

28. ×（依据《进出境动植物检疫法》第四十六条）
29. √（依据《进出境动植物检疫法实施条例》第三十七条）
30. ×（依据《进出境动植物检疫法》第二十二条）
31. √（依据《进出境动植物检疫法》第十一条）
32. ×（依据《进出境动植物检疫法实施条例》第二十五条）
33. √（依据《进出境动植物检疫法实施条例》第二十七条）
34. √（依据《进出境动植物检疫法实施条例》第三十八条）
35. √（依据《进出境动植物检疫法实施条例》第三十九条）
36. √（依据《进出境动植物检疫法实施条例》第四十二条）
37. ×（依据《进出境动植物检疫法实施条例》第五十二条）

名词解释

1. 答：根据《进出境动植物检疫法》规定，动物是指饲养、野生的活动物，如畜、禽、兽、蛇、龟、鱼、虾、蟹、贝、蚕、蜂等。

（依据《进出境动植物检疫法》第四十六条）

2. 答：根据《进出境动植物检疫法》规定，动物产品是指来源于动物未经加工或者虽经加工但仍有可能传播疫病的产品，如生皮张、毛类、肉类、脏器、油脂、动物水产品、奶制品、蛋类、血液、精液、胚胎、骨、蹄、角等。

（依据《进出境动植物检疫法》第四十六条）

3. 答：根据《进出境动植物检疫法》规定，植物是指来源于植物未经加工或者虽经加工但仍有可能传播病虫害的产品，如粮食、豆、棉花、油、麻、烟草、籽仁、干果、鲜果、蔬菜、生药材、木材、饲料等。

（依据《进出境动植物检疫法》第四十六条）

4. 答：根据《进出境动植物检疫法实施条例》规定，植物种子、种苗及其他繁殖材料是指栽培、野生的可供繁殖的植物全株或者部分，如植株、苗木（含试管苗）、果实、种子、砧木、接穗、插条、叶片、芽体、块根、块茎、鳞茎、球茎、花粉、细胞培养材料等。

（依据《进出境动植物检疫法实施条例》第六十四条）

5. 答：根据《进出境动植物检疫法实施条例》规定，装载容器是指可以多次使用、易受病虫害污染并用于装载进出境货物的容器，如笼、箱、桶、筐等。

（依据《进出境动植物检疫法实施条例》第六十四条）

6. 答：根据《进出境动植物检疫法实施条例》规定，其他有害生物是指动物传染病、寄生虫病和植物危险性病、虫、杂草以外的各种为害动植物的生物有机体、病原微生物，以及软体类、啮齿类、螨类、多足虫类动物和危险性病虫的中间寄主、媒介生物等。

（依据《进出境动植物检疫法实施条例》第六十四条）

简答题

1. 答：根据《进出境动植物检疫法实施条例》规定，下列各物依法须实施动植物检疫：

（1）进境、出境、过境的动植物、动植物产品和其他检疫物；

（2）装载动植物、动植物产品和其他检疫物的装载容器、包装物、铺垫材料；

（3）来自动植物疫区的运输工具；

（4）进境拆解的废旧船舶；

（5）有关法律、行政法规、国际条约规定或者贸易合同约定应当实施进出境动植物检疫的其他货物、物品。

（依据《进出境动植物检疫法实施条例》第二条）

2. 答：根据《进出境动植物检疫法实施条例》规定，检验检疫机关对输出的动植物、动植物产品及其他检疫物实施的检疫依据包括：

（1）输入国家或者地区和中国有关动植物检疫规定；

（2）双边检疫协定；

（3）贸易合同中订明的检疫要求。

（依据《进出境动植物检疫法实施条例》第三十四条）

3. 答：根据《进出境动植物检疫法》的规定，国家禁止下列各物进境：

（1）动植物病原体（包括菌种、毒种等）、害虫及其他有害生物；

（2）动植物疫情流行的国家和地区的有关动植物、动植物产品和其他检疫物；

（3）动物尸体；

（4）土壤。

（依据《进出境动植物检疫法》第五条）

4. 答：根据《进出境动植物检疫法实施条例》的规定，办理进境检疫审批手续的，应当符合下列条件：

（1）输出国家或者地区无重大动植物疫情；

（2）符合中国有关动植物检疫法律、法规、规章的规定；

（3）符合中国与输出国家或者地区签订的有关双边检疫协定（含检疫协议、备忘录等）。

（依据《进出境动植物检疫法实施条例》第十条）

5. 答：根据《进出境动植物检疫法实施条例》的规定，办理进境检疫审批手续后，有下列情况之一的，货主、物主或者其代理人应当重新申请办理检疫审批手续：

（1）变更进境物的品种或者数量的；（或答“变更进境物的品种或者数量超过许可数量的5%以上的”也可，《进境动植物检疫审批管理办法》有细化规定）

（2）变更输出国家或地区的；

（3）变更入境口岸、指运地或者运输路线的；

（依据《进境动植物检疫审批管理办法》第十五条）

（4）超过检疫审批有效期的。

（依据《进出境动植物检疫法实施条例》第十五条）

案例分析题

1.（1）答：向口岸检验检疫机关报检时应当填写报检单，并提交输出国家或者地区政府动植物检疫机关出具的检疫证书、产地证书和贸易合同、信用证、发票等单证。

（依据《进出境动植物检疫法实施条例》第十九条）

（2）答：检查货物和包装物有无病虫害，并按照规定采取样品。发现病虫害并有扩散可能时，及时对该批货物、运输工具和装卸现场采取必要的防疫措施。对来自动物传染病疫区或者易带动物传染病和寄生虫病病原体并用作动物饲料的植物产品，同时实施动物检疫。

（依据《进出境动植物检疫法实施条例》第二十二条）

（3）答：根据《进出境动植物检疫法》规定，输入植物、植物产品和其他检疫物，经检疫发现有植物危险性病、虫、杂草的，由口岸出入境检验检疫机关签发《检疫处理通知单》，通知货主或者其代理人作除害、退回或者销毁处理。经除害处理合格的，准予进境。

（依据《进出境动植物检疫法》第十七条）

（4）答：根据《进出境动植物检疫法》规定，动物尸体为禁止进境物，除非因科学研究等特殊需要事先提出申请，经国家动植物检疫机关批准。出入境检验检疫机关发现有禁止进境物的，应作退回或者销毁处理。

（依据《进出境动植物检疫法》第五条）

2.（1）答：进境冻肉需办理检疫审批手续，货主应在贸易合同或者协议签订前办妥检疫审批手续。向口岸出入境检验检疫机关报检时，应当填写报检单，并提交输出国家或者地区政府动植物检疫机关出具的卫生证书、产地证书和贸易合同、信用证、发票等单证以及检疫审批单。

（依据《进出境动植物检疫法实施条例》第九条、第十一条、第十九条）

（2）答：检查有无腐败变质现象，容器、包装是否完好。符合要求的，允许卸离运输工具。发现散包、容器破裂的，由货主或者其代理人负责整理完好，方可卸离运输工具。根据情况，对运输工具的有关部位及装载动物产品的容器、外表包装、铺垫材料、被污染场地等进行消毒处理。需要实施实验室检疫的，按照规定采取样品。对易滋生植物害虫或者混藏杂草种子的动物产品，同时实施植物检疫。

（依据《进出境动植物检疫法实施条例》第二十二条）

（3）答：根据《进出境动植物检疫法》第十六条的规定，输入动物产品和其他检疫物经检疫不合格的，由口岸检验检疫机关签发《检疫处理通知单》，通知货主或者其代理人在口岸出入境检验检疫机关的监督和技术指导下，作除害处理（条例第二十八条）。经除害处理合格的，准予进境。同时，根据《进出境动植物检疫法实施条例》第二十八条规定，如果货主需要对外索赔的，由口岸检验检疫机关出具检疫证书。

（依据《进出境动植物检疫法》第十六条、《进出境动植物检疫法实施条例》第二十八条）

3.（1）答：该旅客属携带犬、猫等宠物进境，根据我国《进出境动植物检疫法》及其实施条例、《出入境人员携带物检疫管理办法》等法律、法规、规章规定，携带犬、猫等宠物进境的，每人每次限带1只；携带人应当向检验检疫机构提供输出国家或者地区政府动植物检疫机关出具的有效检疫证书和疫苗接种证书。宠物应当具有芯片或者其他有效身份证明。

（依据《进出境动植物检疫法实施条例》第四十三条、《出入境人员携带物检疫管理办法》第十七条）

（2）答：根据《进出境动植物检疫法实施条例》及《出入境人员携带物检疫管理办法》的有关规定，携带犬、猫等宠物进境不能提供检疫证书、疫苗接种证书或者超过限额的，由检验检疫机关作限期退回或者没收销毁处理。作限期退回处理的，携带人必须在规定的时间内持出入境检验检疫机关签发的截留凭证，领取并携带出境；逾期不领取的，作自动放弃处理。

（依据《进出境动植物检疫法实施条例》第四十三条、《出入境人员携带物检疫管理办法》第二十九条）

4.（1）答：根据《进出境动植物检疫法实施条例》的有关规定，来自动植物疫区的进境车辆，由口岸检验检疫机关作防疫消毒处理。装载进境动植物、动植物产品和其他检疫物的车辆，经检疫发现病虫害的，连同货物一并作除害处理。装运供应香港、澳门地区的动物的回空车辆，实施整车防疫消毒。来自动植物疫区的进境运输工具经检疫或者经消毒处理合格后，运输工具负责人或者其代理人要求出证的，由口岸检验检疫机关签发《运输工具检疫证书》或者《运输工具消毒证书》。

（依据《进出境动植物检疫法实施条例》第四十八条、第五十条）

（2）答：根据《进出境动植物检疫法》及其实施条例的规定，有未报检或者未依法办理检疫审批手续违法行为的，检验检疫机关可以处以5000元以下罚款。

（依据《进出境动植物检疫法》第三十九条，《进出境动植物检疫法实施条例》第五十九条）

（3）答：《进出境动植物检疫法实施条例》规定，进境动植物、动植物产品和其他检疫物无输出国家或者地区政府动植物检疫机关出具的有效检疫证书，或者未依法办理检疫审批手续的，口岸检验检疫机关可以根据具体情况，作退回或者销毁处理。该批芒果无任何检验检疫证明文件，也未办理任何申报手续，因此口岸检验检疫机关可以对上述携带芒果进行退回或销毁处理。

（依据《进出境动植物检疫法实施条例》第十九条）

5.（1）答：根据《进出境动植物检疫法实施条例》的有关规定，进境拆解的废旧船舶属于需实施动植物检疫的物品，由口岸检验检疫机关依法实施动植物检疫。

（依据《进出境动植物检疫法实施条例》第二条、第四十九条）

（2）答：根据《进出境动植物检疫法》及其实施条例的规定，土壤属于禁止进境物，除非因科学研究等特殊需要事先提出申请，经国家动植物检疫机关批准。对废旧船舶检疫时发现有禁止进境的动植物、动植物产品和其他检疫物的，在口岸检验检疫机关的监督下作销毁处理。发现病虫害的，在口岸检验检疫机关监督下作除害处理。

（依据《进出境动植物检疫法》第五条、《进出境动植物检疫法实施条例》第二条、第四十九条）

第三章　国境卫生检疫法律制度

一、单选题

1. 《中华人民共和国国境卫生检疫法》* 自(　　)起施行。

A. 1986 年 12 月 2 日　　B. 1987 年 5 月 1 日

C. 1987 年 2 月 10 日　　D. 1987 年 3 月 6 日

2. 中华人民共和国国境卫生检疫法实施细则》自(　　)起施行。

A. 1989 年 12 月 2 日　　B. 1989 年 5 月 1 日

C. 1989 年 2 月 10 日　　D. 1989 年 3 月 6 日

3. 通过实施国境卫生检疫，防止(　　)由国外传入或者由国内传出，保护人体健康。

A. 疾病　　B. 艾滋病

C. 传染病　　D. 性病

4. 通过实施国境卫生检疫，防止传染病由(　　)，保护人体健康。

A. 国外传入　　B. 国内传出

C. 国外传入或国内传出　　D. 国际传播

5. 国境卫生检疫法规定的传染病是指(　　)。

A. 监测传染病　　B. 艾滋病和性病

C. 检疫传染病　　D. 检疫传染病和监测传染病

6. 检疫传染病是指(　　)以及国务院确定和公布的其他传染病。

A. 鼠疫、霍乱、艾滋病　　B. 鼠疫、霍乱、黄热病

C. 黄热病、霍乱、性病　　D. 鼠疫、艾滋病、黄热病

7. (　　)不属于检疫传染病。

A. 鼠疫　　B. 霍乱

C. 黄热病　　D. 艾滋病

8. 入境、出境的人员、交通工具、运输设备以及可能传播(　　)的行李、货物、邮包等物品，都应当接受检疫，经出入境检验检疫机关许可，方准入境或者出境。

A. 疾病　　B. 传染病

---

* 《中华人民共和国国境卫生检疫法》在本书中简称《国境卫生检疫法》。

C. 检疫传染病　　D. 监测传染病

9. 出入境检验检疫机关发现检疫传染病或者疑似检疫传染病时，必须用最快的方法报告国务院卫生行政部门，最迟不得超过(　　)。

A. 12 小时　　B. 24 小时

C. 48 小时　　D. 6 小时

10. 在国外或者国内有(　　)大流行的时候，国务院可以下令封锁有关的国境或者采取其他紧急措施。

A. 检疫传染病　　B. 传染病

C. 监测传染病　　D. 艾滋病

11. 出境的交通工具和人员，必须在(　　)的国境口岸接受检疫。

A. 最后离开　　B. 就近的

C. 户口所在地　　D. 途经

12. 在国境口岸发现检疫传染病、疑似检疫传染病，或者有人非因意外伤害而死亡并死因不明的，国境口岸有关单位和交通工具的负责人，应当立即向出入境检验检疫机关报告，并申请(　　)。

A. 临时检疫　　B. 卫生处理

C. 移下病人　　D. 对病人实施治疗

13. 出入境检验检疫机关对(　　)必须立即将其隔离，隔离期限根据医学检查结果确定。

A. 监测传染病病人　　B. 艾滋病病人

C. 检疫传染病染疫嫌疑人　　D. 检疫传染病染疫人

14. 出入境检验检疫机关对(　　)应当将其留验，留验期限根据该传染病的潜伏期确定。

A. 监测传染病病人　　B. 艾滋病病人

C. 检疫传染病染疫嫌疑人　　D. 检疫传染病染疫人

15. 出入境检验检疫机关对检疫传染病染疫嫌疑人应当将其留验，留验期限根据(　　)确定。

A. 该传染病的潜伏期　　B. 嫌疑大小

C. 身体状况　　D. 疑似病情风险高低

16. 因患检疫传染病而死亡的尸体，必须(　　)。

A. 尽快沉入水底

B. 就近火化

C. 在检验检疫机关监督下进行无害化处理

D. 就近深埋

17. 应当实施卫生处理的外国交通工具的负责人拒绝接受卫生处理的，除有特殊情况外，准许该交通工具在(　　)的监督下，立即离开中华人民共和国国境。

A. 出入境检验检疫机关　　B. 卫生行政部门

C. 公安部门　　D. 港务监督部门

18. 入境、出境的尸体、骸骨的托运人或者其代理人，必须向国境卫生检疫机关申报，经(　　)，方准运进或者运出。

A. 卫生检查合格后发给入境、出境许可证

B. 卫生检查合格后

C. 卫生处理合格后发给入境、出境许可证

D. 卫生处理合格后

19. 出入境检验检疫机关对入境、出境的人员实施(　　)，并且采取必要的预防、控制措施。

A. 预防接种　　B. 健康体检

C. 传染病监测　　D. 健康咨询

20. 对患有监测传染病的人、来自国外监测传染病流行区的人或者与监测传染病人密切接触的人，出入境检验检疫机关应当区别情况(　　)，并及时通知当地卫生部门。

A. 限制其入境

B. 实施隔离

C. 监督其离境

D. 发给就诊方便卡，实施留验或者采取其他预防、控制措施

21. 国境口岸卫生监督员在执行任务时，有权对国境口岸和入境、出境的交通工具进行卫生监督和技术指导，对(　　)提出改进意见，协同有关部门采取必要的措施，进行卫生处理。

A. 卫生状况不良

B. 可能引起传染病传播的因素

C. 卫生状况不良和可能引起传染病传播的因素

D. 病媒媒介生物超标

22. 对逃避检疫，擅自上下交通工具的入境人员出入境检验检疫机关拥有(　　)等行政处罚权。

A. 警告或罚款　　B. 没收财物

C. 行政拘留　　D. 吊销营业执照

23. 当事人对出入境检验检疫机关给予的罚款决定不服的，可以在接到罚款通知之日起(　　)日内，向当地人民法院起诉。

A. 7　　B. 15

C. 30　　D. 60

24. 中华人民共和国边防机关与邻国边防机关之间在边境地区的往来，居住在两

国边境接壤地区的居民在边境指定地区的临时往来，双方的交通工具和人员的入境、出境检疫，依照双方协议办理，没有协议的，依照(　　)的有关规定办理。

A. 中国政府　　B. 国际条约

C. 卫生检疫法　　D. 检验检疫机关

25.《中华人民共和国国境卫生检疫法实施细则》* 于(　　)由卫生部发布。

A. 1989 年　　B. 1988 年

C. 1987 年　　D. 1986 年

26.《国境卫生检疫法》及其实施细则所称“国境口岸”是指(　　)的港口、机场、车站、陆地边境和国界江河的关口。

A. 设在陆地边境和国界江河　　B. 设在沿海

C. 设在边境　　D. 国际通航

27. 入境、出境的(　　)，均应当按照国境卫生检疫法实施细则的规定接受检疫，经检验检疫机关许可，方准入境或者出境。

A. 人员、交通工具和集装箱，以及传播检疫传染病的行李、货物、邮包等

B. 人员、交通工具

C. 人员、交通工具和集装箱，以及可能传播检疫传染病的行李、货物、邮包等

D. 人员、交通工具和集装箱

28. 检验检疫机关发现染疫人时，应当立即将其(　　)，防止任何人遭受感染，并按照《国境卫生检疫法》实施细则的有关规定处理。

A. 留验　　B. 就地诊验

C. 临床治疗　　D. 隔离

29. 在国境口岸以及停留在该场所的入境、出境交通工具上，所有非因意外伤害而死亡并死因不明的尸体，必须经检验检疫机关查验，并签发(　　)后，方准移运。

A. 卫生处理证明　　B. 特殊物品审批单

C. 出境检疫证　　D. 尸体移运许可证

30. 对入境、出境的微生物、人体组织、生物制品、血液及其制品等特殊物品，海关凭检验检疫机关签发的(　　)放行。

A. 卫生处理证明　　B. 特殊物品审批单

C. 出境检疫证　　D. 入境检疫证

31. 在国境口岸发现检疫传染病、疑似检疫传染病，或者有人非因意外伤害而死亡并死因不明的，国境口岸有关单位和交通工具的负责人，应当立即向(　　)报告。

---

* 《中华人民共和国国境卫生检疫法实施细则》在本书中简称《国境卫生检疫法实施细则》。

A. 当地卫生行政部门　　B. 当地人民政府
C. 出入境检验检疫机关　　D. 上级机构

32. 检验检疫机关发现检疫传染病时，还应当用最快的办法向(　　)报告。
A. 省级卫生行政部门　　B. 国务院卫生行政部门
C. 省级地方政府　　D. 县级以上地方政府

33. 当地卫生防疫机构发现(　　)时，应当向卫生检疫机关通报。
A. 检疫传染病　　B. 监测传染病
C. 检疫传染病、监测传染病　　D. 疑似检疫传染病

34. 在国内或者国外某一地区发生(　　)流行时，国务院卫生行政部门可以宣布该地区为疫区。
A. 检疫传染病　　B. 监测传染病
C. 艾滋病　　D. 流行性感冒

35. (　　)应当将船舶确定到达检疫锚地的日期和时间尽早通知检验检疫机关。
A. 港务监督机关　　B. 发货人
C. 收货人　　D. 船舶代理

36. 申请电讯检疫的船舶，应先向检验检疫机关申请卫生检查，合格者发给卫生证书。该证书自签发之日起(　　)内可以申请电讯检疫。
A. 12 个月　　B. 6 个月
C. 24 个月　　D. 3 个月

37. 持有效卫生证书的船舶在入境前(　　)小时，应当向检验检疫机关报告有关事项，经答复同意后，即可进港。
A. 六　　B. 十二
C. 二十四　　D. 四十八

38. 国际航行船舶的船长，必须每隔(　　)向检验检疫机关申请一次鼠患检查。
A. 3 个月　　B. 6 个月
C. 9 个月　　D. 1 年

39. 除鼠证书和免予除鼠证书自签发之日起(　　)内有效。
A. 一年　　B. 两年
C. 三个月　　D. 六个月

40. 船舶在到达时，船上啮齿动物有反常死亡，并且死因不明的为染有(　　)嫌疑。
A. 鼠疫　　B. 霍乱
C. 黄热病　　D. 艾滋病

41. 对没有染疫的船舶、航空器，如果来自霍乱疫区，检验检疫机关认为必要时，可以对离船、离航空器的员工、旅客，从离开疫区时算起，实施不超过五日的(　　)。

A. 隔离或者留验　　B. 隔离

C. 隔离或者就地诊验　　D. 就地诊验或者留验

42. 对染有黄热病的船舶，在没有完成灭蚊以前，限制该船与陆地和其他船舶的距离不少于(　　)。

A. 200 米　　B. 300 米

C. 400 米　　D. 500 米

43. 医疗卫生单位遇到持有检验检疫机关发给的就诊方便卡的人员请求医学检查时，应当视同(　　)给予医学检查。

A. 普通病人　　B. 传染病

C. 门诊　　D. 急诊

44.《国境卫生检疫法实施细则》规定的鼠疫、霍乱、黄热病三种检疫传染病潜伏期分别为(　　)。

A. 6 日、5 日、6 日　　B. 6 日、5 日、10 日

C. 5 日、5 日、6 日　　D. 6 日、6 日、10 日

45. 国际通行交通工具上的中国籍员工，应当持有(　　)出具的健康证明。

A. 三级乙等及以上医院　　B. 检验检疫机关或者县级以上医院

C. 二级乙等及以上医院　　D. 地方卫生防疫部门

46. 凡申请出境居住(　　)以上的中国籍人员，必须持有检验检疫机关签发的健康证明。

A. 半年　　B. 一年

C. 两年　　D. 三个月

47. 国境口岸卫生要求控制啮齿动物、病媒昆虫的数量降低到(　　)程度。

A. 最低　　B. 最小

C. 不足为害　　D. 一定

48. 国境口岸内的涉外宾馆，以及向入境、出境的交通工具提供饮食服务的部门，(　　)必须向检验检疫机关申请卫生许可证。

A. 营业前　　B. 营业中

C. 营业后　　D. 营业后一个月

49. 伪造或者涂改检疫单、证，不如实申报疫情的，由检验检疫机关处以(　　)。

A. 警告或者 100 元以上 5000 元以下罚款

B. 100 元以上 5000 元以下罚款

C. 1000 元以上 5000 元以下罚款

D. 5000 元以上 30000 元以下罚款

50. 应当受入境检疫的船舶，不悬挂检疫信号的，由检验检疫机关处以(　　)。

A. 警告或者 100 元以上 5000 元以下罚款

B. 100 元以上 5000 元以下罚款
C. 1000 元以上 5000 元以下罚款
D. 5000 元以上 30000 元以下罚款

51. 拒绝接受检疫或者抵制卫生监督，拒不接受卫生处理的，由检验检疫机关处以(　　)。

A. 警告或者 100 元以上 5000 元以下罚款
B. 100 元以上 5000 元以下罚款
C. 1000 元以上 5000 元以下罚款
D. 5000 元以上 30000 元以下罚款

52. 瞒报携带禁止进口的微生物、人体组织、生物制品、血液及其制品或者其他可能引起传染病传播的动物和物品的，由检验检疫机关处以(　　)。

A. 警告或者 100 元以上 5000 元以下罚款
B. 100 元以上 5000 元以下罚款
C. 1000 元以上 5000 元以下罚款
D. 5000 元以上 30000 元以下罚款

53. 未经检疫的入境、出境交通工具，擅自离开检疫地点，逃避查验的，由检验检疫机关处以(　　)。

A. 警告或者 100 元以上 5000 元以下罚款
B. 100 元以上 5000 元以下罚款
C. 1000 元以上 10000 元以下罚款
D. 5000 元以上 30000 元以下罚款

54. 隐瞒疫情或者伪造情节的，由检验检疫机关处以(　　)。

A. 警告或者 100 元以上 5000 元以下罚款
B. 100 元以上 5000 元以下罚款
C. 1000 元以上 10000 元以下罚款
D. 5000 元以上 30000 元以下罚款

55. 未经检验检疫机关实施卫生处理，擅自排放压舱水，移下垃圾、污物等控制的物品的，由检验检疫机关处以(　　)。

A. 警告或者 100 元以上 5000 元以下罚款
B. 100 元以上 5000 元以下罚款
C. 1000 元以上 10000 元以下罚款
D. 5000 元以上 30000 元以下罚款

56. 未经检验检疫机关实施卫生处理，擅自移运尸体、骸骨的，由检验检疫机关处以(　　)。

A. 警告或者 100 元以上 5000 元以下罚款
B. 100 元以上 5000 元以下罚款

C. 1000 元以上 10000 元以下罚款

D. 5000 元以上 30000 元以下罚款

57. 废旧物品、废旧交通工具，未向检验检疫机关申报，未经检验检疫机关实施卫生处理和签发卫生检疫证书而擅自入境、出境或者使用、拆卸的，由检验检疫机关处以(　　)。

A. 警告或者 100 元以上 5000 元以下罚款

B. 100 元以上 5000 元以下罚款

C. 1000 元以上 5000 元以下罚款

D. 5000 元以上 30000 元以下罚款

58. 未经检验检疫机关检查，从交通工具上移下传染病病人造成传染病传播危险的，由检验检疫机关处以(　　)。

A. 警告或者 100 元以上 5000 元以下罚款

B. 100 元以上 5000 元以下罚款

C. 1000 元以上 5000 元以下罚款

D. 5000 元以上 30000 元以下罚款

59. 入境的交通工具，在入境检疫之前擅自上下人员，装卸行李、货物、邮包等物品的，由检验检疫机关处以(　　)。

A. 警告或者 100 元以上 5000 元以下罚款

B. 100 元以上 5000 元以下罚款

C. 1000 元以上 5000 元以下罚款

D. 5000 元以上 30000 元以下罚款

60. 出境的交通工具在出境检疫之后，擅自上下人员，装卸行李、货物、邮包等物品的，由检验检疫机关处以(　　)。

A. 警告或者 100 元以上 5000 元以下罚款

B. 100 元以上 5000 元以下罚款

C. 1000 元以上 5000 元以下罚款

D. 5000 元以上 30000 元以下罚款

二、多选题

1. 来自国内疫区的交通工具，或者在国内航行中发现(　　)，交通工具负责人应当向到达的国境口岸检验检疫机关报告，接受临时检疫。

A. 检疫传染病　　B. 疑似检疫传染病

C. 有人因意外伤害死亡的　　D. 有人非因意外伤害而死亡并死因不明的

2. 在国内或者国外检疫传染病大流行的时候，应当立即报请国务院决定采取下列检疫措施的一部或者全部(　　)。

A. 下令封锁陆地边境、国界江河的有关区域

B. 指定某些物品必须经过消毒、除虫，方准由国外运进或者由国内运出
C. 禁止某些物品由国外运进或者由国内运出
D. 指定第一入境港口、降落机场。对来自国外疫区的船舶、航空器，除因遇险或者其他特殊原因外，没有经第一入境港口、机场检疫的，不准进入其他港口和机场

3. 入境、出境的(　　)等特殊物品的携带人、托运人或者邮递人，必须向卫生检疫机关申报并接受卫生检疫，未经卫生检疫机关许可，不准入境、出境。
A. 微生物　　B. 人体组织
C. 生物制品　　D. 血液及其制品

4. 接受入境检疫的交通工具有下列情形之一的，应当实施消毒、除鼠、除虫或者其他卫生处理：(　　)。
A. 来自检疫传染病疫区的
B. 被检疫传染病污染的
C. 发现有与人类健康有关的啮齿动物或者病媒昆虫的
D. 可能成为检疫传染病传播媒介的

5. 检验检疫机关对(　　)行李、货物、邮包等物品，应当进行卫生检查，实施消毒、除鼠、除虫或者其他卫生处理。
A. 来自疫区的
B. 被检疫传染病污染的
C. 可能成为检疫传染病传播媒介的
D. 来自非疫区的

6. 在国境口岸发现(　　)，国境口岸有关单位和交通工具的负责人，应当立即向出入境检验检疫机关报告。
A. 检疫传染病　　B. 有人因意外伤害死亡的
C. 疑似检疫传染病　　D. 有人非因意外伤害而死亡并死因不明的

7. 检验检疫机关发现(　　)时，应当向当地卫生行政部门和卫生防疫机构通报。
A. 检疫传染病　　B. 监测传染病
C. 疑似检疫传染病　　D. 疑似监测传染病

8. 船舶的入境检疫，必须在(　　)实施。
A. 港口
B. 港口的检疫锚地
C. 经卫生检疫机关同意的指定地点
D. 港务监督机关指定的地点

9. 实施卫生检疫机场的航空站，应当在受入境检疫的航空器到达以前，尽早向卫生检疫机关通知下列事项：(　　)。
A. 航空器的国籍、机型、号码、识别标志

B. 航空器的预定到达时间

C. 航空器的出发站、经停站

D. 航空器的机组和旅客人数

10. 受入境、出境检疫的列车以及其他车辆，载有(　　)货物，应当接受卫生检查和必要的卫生处理。

A. 来自疫区

B. 有染疫

C. 染疫嫌疑

D. 夹带能传播传染病的病媒昆虫和啮齿动物的

11. 卫生检疫机关的工作人员在实施卫生处理时，必须注意下列事项：(　　)。

A. 防止对任何人的健康造成危害

B. 防止对交通工具的结构和设备造成危害

C. 防止发生火灾

D. 防止对行李、货物造成损害

12. 入境、出境的交通工具有下列情形之一的，应当由卫生检疫机关实施消毒、除鼠、除虫或者其他卫生处理：(　　)。

A. 来自检疫传染病疫区的

B. 疑似来自检疫传染病疫区的

C. 被检疫传染病污染的

D. 发现有与人类健康有关的啮齿动物或者病媒昆虫，超过国家卫生标准的

13. 在国境口岸或者交通工具上发现(　　)，国境口岸有关单位或者交通工具的负责人，必须立即向卫生检疫机关报告，迅速查明原因，实施卫生处理。

A. 病媒昆虫有反常死亡　　B. 病媒昆虫死因不明的

C. 啮齿动物有反常死亡　　D. 啮齿动物死因不明的

14. 船舶、航空器在到达时，有下列情形之一的，为染有鼠疫。(　　)

A. 船舶、航空器上有鼠疫病例的

B. 船舶、航空器上发现有感染鼠疫的啮齿动物的

C. 船舶上曾经有人在上船六日以后患鼠疫的

D. 船上啮齿动物有反常死亡，并且死因不明的

15. 船舶在到达时，有下列情形之一的，为染有鼠疫嫌疑。(　　)

A. 船舶上有鼠疫病例的

B. 船舶上没有鼠疫病例，但曾经有人在上船后六日以内患鼠疫的

C. 船上啮齿动物有反常死亡，并且死因不明的

D. 船舶上发现有感染鼠疫的啮齿动物的

16. 船舶(　　)，为染有霍乱。

A. 在到达时载有霍乱病例

B. 在到达前五日以内，船上曾经有霍乱病例发生

C. 航行中曾经有霍乱病例发生

D. 航行中曾经有霍乱病例发生，但在到达前五日以内，没有发生新病例

17. 船舶(　　)，为染有黄热病。

A. 在到达时载有黄热病病例

B. 在航行中曾经有黄热病病例发生

C. 到达时离开黄热病疫区未满六日

D. 到达时离开黄热病疫区未满三十日并且在船上发现黄热病媒介

18. 入境、出境的(　　)，均为传染病的监测对象。

A. 交通工具　　B. 人员

C. 食品、饮用水及其他物品　　D. 病媒昆虫、动物

19. 检验检疫机关应当阻止所发现的患有(　　)的外国人入境。

A. 传染性肺结核病　　B. 艾滋病

C. 性病　　D. 严重精神病

20. 以下违法行为，应当处以5000元以上30000元以下罚款的有(　　)

A. 伪造或者涂改检疫单、证，不如实申报疫情的

B. 未经检验检疫机关检查，从交通工具上移下传染病病人造成传染病传播危险的

C. 未经检验检疫机关实施卫生处理，擅自移运尸体、骸骨的

D. 废旧物品、废旧交通工具，未向检验检疫机关申报，未经检验检疫机关实施卫生处理和签发卫生检疫证书而擅自入境、出境或者使用、拆卸的

三、判断题

1. 出境的交通工具和人员，必须在最后离开的国境口岸接受检疫。(　　)
2. 来自国外的船舶、航空器因故停泊、降落在中国境内非口岸地点的时候，船舶、航空器的负责人优先向当地卫生行政部门报告。(　　)
3. 出入境检验检疫机关依据检疫医师提供的检疫结果，对有艾滋病病毒感染者的入境交通工具，不签发入境检疫证。(　　)
4. 出入境检验检疫机关对检疫传染病染疫嫌疑人必须将其隔离。(　　)
5. 因患检疫传染病而死亡的尸体，必须就近深埋。(　　)
6. 因患检疫传染病而死亡的尸体，经过卫生处理方可将尸体移运。(　　)
7. 对所有来自检疫传染病疫区的交通工具都应当实施卫生处理。(　　)
8. 出入境检验检疫机关对来自疫区的、被检疫传染病污染的或者可能成为检疫传染病传播媒介的行李、货物、邮包等物品，应当进行卫生检查，实施消毒、除鼠、除虫或者其他卫生处理。(　　)
9. 各地医疗单位对持有检验检疫机关发给的就诊方便卡的人员应当优先诊治。

(　　)

10. 对国境卫生检疫机关的罚款决定不服的，可以在接到通知之日起 3 个月内向当地人民法院起诉。(　　)
11. 中华人民共和国缔结或者参加的有关卫生检疫的国际条约同《中华人民共和国国境卫生检疫法》有不同规定的，适用《中华人民共和国国境卫生检疫法》的规定。(　　)
12. 在国境口岸以及停留在该场所的入境、出境交通工具上，所有非因意外伤害而死亡并死因不明的尸体，必须经检验检疫机关查验，并签发尸体移运许可证后，方准移运。(　　)
13. 入境、出境的集装箱、货物、废旧物等物品在到达口岸的时候，承运人、代理人或者货主，必须向检验检疫机关申报并接受卫生检疫。(　　)
14. 入境的集装箱、货物、废旧物等必须在到达口岸实施卫生检疫。(　　)
15. 入境、出境的微生物、人体组织、生物制品、血液及其制品等特殊物品的携带人、托运人或者邮递人，必须向检验检疫机关申报并接受卫生检疫。(　　)
16. 对入境、出境的旅客、员工个人携带的行李和物品，不用实施卫生检查。(　　)
17. 对入境、出境的旅客、员工个人托运的行李和物品，不用实施卫生检查。(　　)
18. 对应当实施卫生检疫的邮包，未经检验检疫机关许可，邮政部门不得运递。(　　)
19. 当地卫生防疫机构发现检疫传染病、监测传染病时，应当向卫生检疫机关通报。(　　)
20. 在国内或者国外某一地区发生检疫传染病流行时，国家出入境检验检疫部门可以宣布该地区为疫区。(　　)
21. 船舶的入境检疫，必须在港口的检疫锚地或者经检验检疫机关同意的指定地点实施。(　　)
22. 检疫锚地由卫生检疫机关确定，报国务院交通和卫生行政部门备案。(　　)
23. 受入境检疫的船舶，夜间在明显处所垂直悬挂红、红、白、红灯四盏灯号，表示本船没有染疫，请发给入境检疫证。(　　)
24. 入境船舶在领到检验检疫机关签发的入境检疫证后，方可降下检疫信号。(　　)
25. 昼间悬挂“Q”字信号旗表示本船有染疫或者染疫嫌疑，请即刻实施检疫。(　　)
26. 凡具备船舶夜航条件，夜间可靠离码头和装卸作业的港口口岸，应对所有入境船舶实行 24 小时检疫。(　　)

27. 检验检疫机关如果发现在船舶实施出境检疫完毕后，又有人员上船或装卸货物的，应对该船舶重新实施出境检疫。(　　)
28. 乘坐航器入境旅客必须在指定的地点，接受入境查验，同时用书面或者口头回答检疫医师提出的有关询问。(　　)
29. 检验检疫机关可以派员随入境直通列车实施检疫。(　　)
30. 徒步入境、出境的人员，必须首先在指定的场所接受入境、出境查验，未经卫生检疫机关许可，不准离开指定的场所。(　　)
31. 检验检疫机关的工作人员在实施卫生处理时，必须注意防止对任何人的健康造成危害。(　　)
32. 由国外起运经过我国境内的货物，如果不在境内换装，一般情况下不实施卫生处理。(　　)
33. 检验检疫机关对已在到达本口岸前的其他口岸实施卫生处理的交通工具一律不再重复实施卫生处理。(　　)
34. 在国境口岸停留的国内航行的船舶如果存在鼠患，必须由检验检疫机关实施除鼠。(　　)
35. 在到达时，船舶上啮齿动物有反常死亡，并且死因不明的，为染有鼠疫。(　　)
36. 航空器在航行中曾经有霍乱病例发生，但在到达前该病员已经离去的，为染有霍乱。(　　)
37. 来自黄热病疫区的人员在入境时，必须向检验检疫机关出示有效的黄热病预防接种证书。(　　)
38. 船舶在航行中曾经有黄热病病例发生的，为染有黄热病嫌疑。(　　)
39. 受留验的人员必须在检验检疫机关指定的场所接受留验，但如果船长请求船员在船上留验的，经检验检疫机关同意也可以在船上留验。(　　)
40. 受留验的人员在留验期间如果出现检疫传染病的症状，检验检疫机关应当立即对该人员以及与其接触的其他受留验人员实施隔离。(　　)

四、名词解释

1. 隔离
2. 留验
3. 就地诊验
4. 传染病监测
5. 卫生监督

五、简答题

1. 根据现行规定，出入境法定体检的对象是哪些人？

2. 根据现行规定，卫生检疫机关监测的传染病包括哪些？

六、参考答案

单选题

1. B（依据《国境卫生检疫法》第二十八条）
2. D（依据《国境卫生检疫法》第一百一十四条）
3. C（依据《国境卫生检疫法》第一条）
4. C（依据《国境卫生检疫法》第一条）
5. D（依据《国境卫生检疫法》第三条）
6. B（依据《国境卫生检疫法》第三条）
7. D（依据《国境卫生检疫法》第三条）
8. C（依据《国境卫生检疫法》第四条）
9. B（依据《国境卫生检疫法》第五条）
10. A（依据《国境卫生检疫法》第六条）
11. A（依据《国境卫生检疫法》第八条）
12. A（依据《国境卫生检疫法》第十条）
13. D（依据《国境卫生检疫法》第十二条）
14. C（依据《国境卫生检疫法》第十二条）
15. A（依据《国境卫生检疫法》第十二条）
16. B（依据《国境卫生检疫法》第十二条）
17. A（依据《国境卫生检疫法》第十三条）
18. B（依据《国境卫生检疫法》第十四条）
19. C（依据《国境卫生检疫法》第十五条）
20. D（依据《国境卫生检疫法》第十七条）
21. C（依据《国境卫生检疫法》第十九条）
22. A（依据《国境卫生检疫法》第二十条）
23. B（依据《国境卫生检疫法》第二十一条）
24. A（依据《国境卫生检疫法》第二十五条）
25. A（依据《国境卫生检疫法实施细则》）
26. D（依据《国境卫生检疫法实施细则》第二条）
27. C（依据《国境卫生检疫法实施细则》第四条）
28. D（依据《国境卫生检疫法实施细则》第五条）
29. D（依据《国境卫生检疫法实施细则》第七条）
30. B（依据《国境卫生检疫法实施细则》第十一条）
31. C（依据《国境卫生检疫法实施细则》第十五条）
32. B（依据《国境卫生检疫法实施细则》第十六条）

33. C（依据《国境卫生检疫法实施细则》第十六条）
34. A（依据《国境卫生检疫法实施细则》第十七条）
35. A（依据《国境卫生检疫法实施细则》第二十三条）
36. A（依据《国境卫生检疫法实施细则》第二十七条）
37. C（依据《国境卫生检疫法实施细则》第二十八条）
38. B（依据《国境卫生检疫法实施细则》第六十条）
39. D（依据《国境卫生检疫法实施细则》第六十条）
40. A（依据《国境卫生检疫法实施细则》第七十条）
41. D（依据《国境卫生检疫法实施细则》第八十条）
42. C（依据《国境卫生检疫法实施细则》第八十九条）
43. D（依据《国境卫生检疫法实施细则》第九十四条）
44. A（依据《国境卫生检疫法实施细则》第六十八条、第七十五条、第八十四条）
45. B（依据《国境卫生检疫法实施细则》第一百零二条）
46. B（依据《国境卫生检疫法实施细则》第一百零二条）
47. C（依据《国境卫生检疫法实施细则》第一百零五条）
48. A（依据《国境卫生检疫法实施细则》第一百零七条）
49. A（依据《国境卫生检疫法实施细则》第一百零九条、第一百一十条）
50. A（依据《国境卫生检疫法实施细则》第一百零九、第一百一十条）
51. A（依据《国境卫生检疫法实施细则》第一百零九、第一百一十条）
52. A（依据《国境卫生检疫法实施细则》第一百零九、第一百一十条）
53. C（依据《国境卫生检疫法实施细则》第一百零九、第一百一十条）
54. C（依据《国境卫生检疫法实施细则》第一百零九、第一百一十条）
55. C（依据《国境卫生检疫法实施细则》第一百零九、第一百一十条）
56. C（依据《国境卫生检疫法实施细则》第一百零九、第一百一十条）
57. D（依据《国境卫生检疫法实施细则》第一百零九、第一百一十条）
58. D（依据《国境卫生检疫法实施细则》第一百零九、第一百一十条）
59. A（依据《国境卫生检疫法实施细则》第一百零九、第一百一十条）
60. A（依据《国境卫生检疫法实施细则》第一百零九、第一百一十条）

多选题

1. ABD（依据《国境卫生检疫法实施细则》第八条）
2. ABCD（依据《国境卫生检疫法实施细则》第九条）
3. ABCD（依据《国境卫生检疫法实施细则》第十一条）
4. ABC（依据《国境卫生检疫法实施细则》第十三条）
5. ABC（依据《国境卫生检疫法》第十四条）
6. ACD（依据《国境卫生检疫法实施细则》第丨五条）
7. ABC（依据《国境卫生检疫法实施细则》第十六条）

8. BC（依据《国境卫生检疫法实施细则》第二十二条）
9. ABCD（依据《国境卫生检疫法实施细则》第三十七条）
10. ABCD（依据《国境卫生检疫法实施细则》第五十二条）
11. ABCD（依据《国境卫生检疫法实施细则》第五十三条）
12. ACD（依据《国境卫生检疫法实施细则》第五十四条）
13. CD（依据《国境卫生检疫法实施细则》第五十九条）
14. ABC（依据《国境卫生检疫法实施细则》第六十九条）
15. BC（依据《国境卫生检疫法实施细则》第七十条）
16. AB（依据《国境卫生检疫法实施细则》第七十六条）
17. AB（依据《国境卫生检疫法实施细则》第八十八条）
18. ABCD（依据《国境卫生检疫法实施细则》第九十七条）
19. AD（依据《国境卫生检疫法实施细则》第九十九条）
20. BD（依据《国境卫生检疫法实施细则》第一百零九条）

判断题

1. √（依据《国境卫生检疫法》第八条）
2. ×（依据《国境卫生检疫法》第九条）
3. ×（依据《国境卫生检疫法》第十一条）
4. ×（依据《国境卫生检疫法》第十二条）
5. ×（依据《国境卫生检疫法》第十二条）
6. ×（依据《国境卫生检疫法》第十二条）
7. √（依据《国境卫生检疫法》第十三条）
8. √（依据《国境卫生检疫法》第十四条）
9. √（依据《国境卫生检疫法》第十七条）
10. ×（依据《国境卫生检疫法》第二十一条）
11. ×（依据《国境卫生检疫法》第二十四条）
12. √（依据《国境卫生检疫法实施细则》第七条）
13. √（依据《国境卫生检疫法实施细则》第十条）
14. ×（依据《国境卫生检疫法实施细则》第十条）
15. √（依据《国境卫生检疫法实施细则》第十一条）
16. ×（依据《国境卫生检疫法实施细则》第十二条）
17. ×（依据《国境卫生检疫法实施细则》第十二条）
18. √（依据《国境卫生检疫法实施细则》第十三条）
19. √（依据《国境卫生检疫法实施细则》第十六条）
20. ×（依据《国境卫生检疫法实施细则》第十七条）
21. √（依据《国境卫生检疫法实施细则》第二十二条）
22. ×（依据《国境卫生检疫法实施细则》第二十二条）

23. ×（依据《国境卫生检疫法实施细则》第二十五条）
24. √（依据《国境卫生检疫法实施细则》第二十五条）
25. ×（依据《国境卫生检疫法实施细则》第二十五条）
26. ×（依据《国境卫生检疫法实施细则》第二十九条）
27. √（依据《国境卫生检疫法实施细则》第三十五条）
28. √（依据《国境卫生检疫法实施细则》第四十条）
29. √（依据《国境卫生检疫法实施细则》第四十九条）
30. √（依据《国境卫生检疫法实施细则》第五十一条）
31. √（依据《国境卫生检疫法实施细则》第五十三条）
32. √（依据《国境卫生检疫法实施细则》第五十五条）
33. ×（依据《国境卫生检疫法实施细则》第五十八条）
34. ×（依据《国境卫生检疫法实施细则》第六十五条）
35. ×（依据《国境卫生检疫法实施细则》第七十条）
36. ×（依据《国境卫生检疫法实施细则》第七十七条）
37. √（依据《国境卫生检疫法实施细则》第八十五条）
38. ×（依据《国境卫生检疫法实施细则》第八十八条）
39. √（依据《国境卫生检疫法实施细则》第九十五条）
40. ×（依据《国境卫生检疫法实施细则》第九十六条）

名词解释

1. 答：指将染疫人收留在指定的处所，限制其活动并进行治疗，直到消除传染病传播的危险。

（依据《国境卫生检疫法实施细则》第二条）

2. 答：指将染疫嫌疑人收留在指定的处所进行诊察和检验。

（依据《国境卫生检疫法实施细则》第二条）

3. 答：指一个人在卫生检疫机关指定的期间，到就近的卫生检疫机关或者其他医疗卫生单位去接受诊察和检验；或者卫生检疫机关、其他医疗卫生单位到该人员的居留地，对其进行诊察和检验。

（依据《国境卫生检疫法实施细则》第二条）

4. 答：指对特定环境、人群进行流行病学、血清学、病原学、临床症状以及其他有关影响因素的调查研究，预测有关传染病的发生、发展和流行。

（依据《国境卫生检疫法实施细则》第二条）

5. 答：指执行卫生法规和卫生标准所进行的卫生检查、卫生鉴定、卫生评价和采样检验。

（依据《国境卫生检疫法实施细则》第二条）

简答题

1. 答：（1）申请来华定居、或任职、就业、学习在华居留 1 年或 1 年以上的外国人；

（2）经批准出国劳务、留学、探亲、定居及其他出境1年以上的中国公民；

（3）在境外居住3个月以上回国的中国公民；

（4）国境通行交通工具上的中国籍员工；

（5）在出入境口岸和出入境交通工具上食品和饮用水从业人员；

（6）外派劳务人员。

（依据：传染病监测/健康检查）

2. 答：卫生检疫机关监测的传染病包括：流行性感冒、疟疾、脊髓灰质炎、登革热、斑疹伤寒和回归热，以及国务院主管部门指定的其他病种。

（依据：传染病监测的病种）

第四章　进出口食品安全管理法律制度

一、单选题

1.《食品安全法》* 规定，供食用的源于农业的初级产品（食用农产品）的质量安全管理，遵守(　　)的规定。

A.《中华人民共和国农产品质量安全法》**

B.《食品安全法》

C.《产品质量法》

D.《农业法》

2.《食品安全法》规定，供食用的源于农业的初级产品（食用农产品）的质量安全管理，遵守《中华人民共和国农产品质量安全法》的规定，但是制定有关食用农产品的质量安全标准、公布食用农产品安全有关信息，应当遵守(　　)。

A.《消费者权益保护法》　　B.《食品安全法》

C.《产品质量法》　　D.《农业法》

3.《食品安全法》对食品安全的定义为(　　)。

A. 指食品无毒、无害，符合应当有的营养要求，对人体健康不造成任何急性、亚急性或者慢性危害

B. 对食品按其原定用途进行制作和/或食用时不会使消费者受害的一种担保

C. 指一个国家或地区抵御各种食品风险的能力，与一个国家的社会稳定和持续发展密切相关

D. 只有当所有人，在任何时候都能够在物质上和经济上获得足够、安全和富有营养的食品，来满足其积极健康生活的膳食需要和食品喜好时，才实现了食品安全

4.《食品安全法》定义的食品安全，更多的是关注食品的(　　)。

A. 质量与卫生　　B. 供给与健康

C. 质量与供给　　D. 供给与卫生

5. 当前，国务院保留国务院食品安全委员会，具体工作由(　　)承担。

---

* 全称《中华人民共和国食品安全法》，在本书中简称《食品安全法》。

** 以下简称《农产品质量安全法》。

A. 国家食品药品监督管理总局　　B. 国家卫生和计划生育委员会
C. 国家质量监督检验检疫总局　　D. 国家工商行政管理总局
6. (　　)负责对食品的生产经营活动（包括生产、流通、消费环节）实施统一监督管理等。
A. 国家食品药品监督管理总局　　B. 国家卫生和计划生育委员会
C. 国家质量监督检验检疫总局　　D. 国家工商行政管理总局
7. (　　)负责食品安全风险评估和食品安全标准制定。
A. 国家食品药品监督管理总局　　B. 国家卫生和计划生育委员会
C. 国家质量监督检验检疫总局　　D. 国家工商行政管理总局
8. (　　)会同国家食品药品监督管理总局等部门制定、实施食品安全风险监测计划。
A. 国家农业部　　B. 国家卫生和计划生育委员会
C. 国家质量监督检验检疫总局　　D. 国家工商行政管理总局
9. (　　)负责食品包装材料、容器、食品生产经营工具等食品相关产品生产加工的监督管理。
A. 国家食品药品监督管理总局　　B. 国家卫生和计划生育委员会
C. 国家质量监督检验检疫总局　　D. 国家工商行政管理总局
10. (　　)负责进出口食品安全的监督管理，进口的食品以及食品相关产品应当符合我国食品安全国家标准。
A. 国家食品药品监督管理总局　　B. 国家卫生和计划生育委员会
C. 国家质量监督检验检疫总局　　D. 国家工商行政管理总局
11. 进口的食品以及食品相关产品应当符合(　　)。
A. 我国食品安全国家标准　　B. 输出国食品安全国家标准
C. 买卖合同订立的要求　　D. 买卖双方的口头协议
12. 国家食品药品监督管理总局负责(　　)。
A. 食品包装材料、容器、食品生产经营工具等食品相关产品生产加工的监督管理
B. 进出口食品安全的监督管理
C. 食品安全风险评估和食品安全标准制定
D. 对食品的生产经营活动（包括生产、流通、消费环节）实施统一监督管理
13. 国家卫生和计划生育委员会负责(　　)。
A. 食品包装材料、容器、食品生产经营工具等食品相关产品生产加工的监督管理
B. 进出口食品安全的监督管理
C. 食品安全风险评估和食品安全标准制定
D. 对食品的生产经营活动（包括生产、流通、消费环节）实施统一监督管理

14. (　　)应当收集、汇总进出口食品安全信息，并及时通报国家食品药品监督管理总局。

A. 国家食品药品监督管理总局　　B. 国家卫生和计划生育委员会

C. 国家质量监督检验检疫总局　　D. 国家工商行政管理总局

15. (　　)负责药品、医疗器械、保健食品广告活动的监督检查。

A. 工商行政管理部门　　B. 食品药品监督管理部门

C. 农业部门　　D. 质量监督部门

16. 食用农产品进入批发、零售市场或生产加工企业后，按食品由(　　)监督管理。

A. 工商行政管理部门　　B. 食品药品监督管理部门

C. 农业部门　　D. 质量监督部门

17. (　　)负责畜禽屠宰环节和生鲜乳收购环节质量安全监督管理。

A. 工商行政管理部门　　B. 食品药品监督管理部门

C. 农业部门　　D. 质量监督部门

18. 国家质检总局作为全国进出口食品安全的主管机关，内设(　　)负责具体实施。

A. 进出口食品安全局　　B. 国家认证认可监督管理委员会

C. 中国国家标准化管理委员会　　D. 产品质量监督司

19. (　　)是国务院授权的履行行政管理职能，统一管理、监督和综合协调全国认证认可工作的主管机构。

A. 进出口食品安全局　　B. 国家认证认可监督管理委员会

C. 中国国家标准化管理委员会　　D. 产品质量监督司

20. 当前全国共设有(　　)个直属出入境检验检疫局，在海陆空口岸和货物集散地设有近 300 个分支局和 200 多个办事处，共有检验检疫人员 3 万余人。

A. 35　　B. 32

C. 33　　D. 36

21. (　　)是进出口食品安全管理工作的依据和基础。

A. 进出口食品安全管理法律制度　　B. 进出口食品安全风险管理体系

C. 出口食品全过程监管制度　　D. 进出口食品安全监督管理体系

22. (　　)对进出口食品安全管理各项制度进行了全面详细规定，标志着我国进出口食品安全管理法制化进入成熟阶段。

A. 《进出口食品安全管理办法》　　B. 《进出口商品检验法》

C. 《食品卫生法》　　D. 《农产品质量安全法》

23. 《食品安全法》于 2009 年 2 月 28 日最终审议通过，自(　　)起正式施行。

A. 2009 年 10 月 1 日　　B. 2009 年 6 月 1 日

C. 2009 年 8 月 1 日　　D. 2010 年 1 月 1 日

24.《食品安全法》第六十五条规定，“向我国境内出口食品的境外食品生产企业应当经国家出入境检验检疫部门(　　)。”

A. 注册　　B. 备案

C. 验证　　D. 分类

25.《食品安全法》第六十五条规定，“向我国境内出口食品的出口商或者代理商应当向国家出入境检验检疫部门(　　)。”

A. 注册　　B. 备案

C. 验证　　D. 分类

26. 国家质检总局对进口食品的境外生产企业注册，目前实行(　　)。

A. 登记制　　B. 全面制

C. 目录制　　D. 分类制

27. 由于大量国外食品出口贸易活动是由不直接从事生产的出口商来从事，且代理行为非常频繁，加强对进口食品出口商及代理商的管理对确保进口食品安全也不可或缺，同时为了溯源需要，我国对出口商或者代理商提出了(　　)要求。

A. 注册　　B. 备案

C. 验证　　D. 分类

28. (　　)是进口食品的最低要求。

A. 现行食用农产品质量安全标准　　B. 食品卫生标准

C. 食品质量标准　　D. 食品安全国家标准

29. (　　)应明确我国现有食品安全国家标准的食品品种、现有食品添加剂品种和食品相关产品品种，并及时公布上述品种名录。

A. 国家食品药品监督管理总局　　B. 国务院农业行政部门

C. 国家质量监督检验检疫总局　　D. 国务院卫生行政部门

30. 进口商对于属于无食品安全国家标准的食品或者首次进口的食品添加剂新品种、食品相关产品新品种范畴，则应当在(　　)向国务院卫生行政部门提出申请并提交相关的安全性评估材料，待国务院卫生行政部门许可后，持许可文件及相关报检材料向检验检疫机构报检。

A. 进口报检后　　B. 进口报检前

C. 进口报检时　　D. 随时

31. 进口商应当建立(　　)，如实记录食品的名称、规格、数量、生产日期、生产或者进口批号、保质期、出口商和购货者名称及联系方式、交货日期等内容。

A. 食品安全管理制度　　B. 食品进口和销售记录制度

C. 从业人员健康管理制度　　D. 进货查验记录制度

32. 进口商应当建立食品进口和销售记录制度，食品进口和销售记录应当真实，保存期限不得少于(　　)。

A. 两年　　B. 三年

C. 四年　　D. 一年

33. 境外发生的食品安全事件可能对我国境内造成影响，或者在进口食品中发现严重食品安全问题的，国家出入境检验检疫部门应当及时采取(　　)，并向国务院卫生行政、农业行政、工商行政管理和国家食品药品监督管理部门通报。

A. 风险分析或控制措施　　B. 风险预警或者控制措施

C. 风险分析或者预警措施　　D. 风险控制或者通报措施

34. 出口食品生产企业和出口食品原料种植、养殖场应当向国家出入境检验检疫部门(　　)。

A. 报备　　B. 注册

C. 备案　　D. 登记

35.《食品安全法实施条例》*，经2009年7月8日国务院会议通过，自(　　)起施行。

A. 2009年7月20日　　B. 2009年8月1日

C. 2010年1月20日　　D. 2010年1月1日

36. 根据《国务院关于加强食品等产品安全监督管理的特别规定》的要求，出口食品及农产品的生产经营者逃避产品检验或者弄虚作假的，由出入境检验检疫机构没收违法所得和产品，并处(　　)的罚款。

A. 货值金额2倍　　B. 货值金额等值

C. 货值金额3倍　　C. 货值金额5%～20%

37. 部门规章是由国务院各部委和有权发布规章的直属机构颁布的贯彻实施法律、行政法规的法律规范，效力(　　)法律和行政法规。

A. 高于　　B. 低于　　C. 等同于

38. 国家质检总局制定并发布《进出口食品安全管理办法》(国家质检总局第144号令)，于(　　)正式施行。

A. 2012年3月1日　　B. 2012年4月1日

C. 2012年3月20日　　D. 2012年6月1日

39.《进出口食品安全管理办法》是当前最重要的进出口食品安全管理综合性(　　)。

A. 行政规章　　B. 部门规章

C. 行政法规　　D. 法律

40.《食品生产许可管理办法》规定，只有获得(　　)的企业才可在中华人民共

* 全称《中华人民共和国安全法实施条例》，本书中简称《食品安全法实施条例》。

和国境内从事食品生产活动。

A. 食品生产备案　　B. 食品生产许可

C. 食品生产注册　　D. 食品生产认证

41.《出口食品生产企业备案管理规定》规定在中华人民共和国境内的出口食品生产企业，必须取得(　　)资格后，其产品方可出口。

A. 进出口备案　　B. 出口备案

C. 进出口注册　　D. 出口注册

42.《食品安全法》规定，食品安全国家标准是(　　)的标准。

A. 强制性　　B. 任意性

C. 行业性　　D. 专业性

43. CAC 是(　　)的缩略词。

A. 食品法典委员会

B. 联合国粮食与农业组织

C. 美国卫生部下属的食品药品管理局

D. 欧盟委员会

44. FAO 是(　　)的缩略词。

A. 食品法典委员会

B. 联合国粮食与农业组织

C. 美国卫生部下属的食品药品管理局

D. 欧盟委员会

45. FDA 是(　　)的缩略词。

A. 食品法典委员会

B. 联合国粮食与农业组织

C. 美国卫生部下属的食品药品管理局

D. 欧盟委员会

46. EC 是(　　)的缩略词。

A. 食品法典委员会

B. 联合国粮食与农业组织

C. 美国卫生部下属的食品药品管理局

D. 欧盟委员会

47. WHO 是(　　)的缩略词。

A. 世界卫生组织　　B. 世界贸易组织

C. 国际标准化组织　　D. 联合国粮食与农业组织

48. WTO 是(　　)的缩略词。

A. 世界卫生组织　　B. 世界贸易组织

C. 国际标准化组织　　D. 联合国粮食与农业组织

49. ISO 是(　　)的缩略词。
A. 世界卫生组织　　B. 世界贸易组织
C. 国际标准化组织　　D. 联合国粮食与农业组织
50. GAP 是(　　)的缩略词。
A. 良好农业规范　　B. 良好生产规范
C. 危害分析与关键控制点　　D. 卫生标准操作规范
51. GMP 是(　　)的缩略词。
A. 良好农业规范　　B. 良好生产规范
C. 危害分析与关键控制点　　D. 卫生标准操作规范
52. HACCP 是(　　)的缩略词。
A. 良好农业规范　　B. 良好生产规范
C. 危害分析与关键控制点　　D. 卫生标准操作规范
53. SSOP 是(　　)的缩略词。
A. 良好农业规范　　B. 良好生产规范
C. 危害分析与关键控制点　　D. 卫生标准操作规范
54. SPS Agreement 是(　　)的缩略词。
A. 贸易技术壁垒协定　　B. 实施卫生和植物卫生措施协定
C. 国际标准化组织　　D. 联合国粮食与农业组织
55. TBT Agreement 是(　　)的缩略词。
A. 贸易技术壁垒协定　　B. 实施卫生和植物卫生措施协定
C. 国际标准化组织　　D. 联合国粮食与农业组织
56. 从效力层级的角度，以下属于国家质检总局发布食品监管规章的是（　　）。
A.《出口饮料检验管理规定》
B.《食品添加剂新品种管理办法》
C.《进口食品进出口商备案管理规定》
D.《供港澳蔬菜检验检疫监督管理办法》
57. (　　)被认为是制定食品安全标准的基础，也是食品安全控制的科学基础。
A. 食品安全风险评估　　B. 食品安全风险分析
C. 食品安全风险预警　　D. 食品安全风险预防
58. (　　)是世界各国通过采取各种有效的技术手段和措施，确保进口食品符合本国食品安全法律法规和标准要求，有效地保护国内消费者健康和农牧渔业安全的有效措施，也是加入世贸组织后各国普遍采用的技术性贸易壁垒措施。
A. 进口食品风险分析　　B. 进口食品注册
C. 进口食品准入　　D. 进口食品检疫
59.《进出口食品安全管理办法》规定，“国家质检总局依据(　　)对向中国出口食品的国家或者地区的食品安全管理体系和食品安全状况进行评估”。

A. 食品安全国家标准要求　　B. 国内外疫情疫病

C. 中国法律法规规定　　D. 有毒有害物质风险分析结果

60. 按照 WTO/SPS 协定及国际通行做法，针对我国的实际和法律规定，我国对进口食品实行(　　)制度。所有存在疫情疫病风险的食品必须经风险评估，通过与出口国主管部门签订双边检验检疫要求和卫生条件议定书，确定相应的检疫准入要求和风险管理措施。

A. 检疫检验合格评定　　B. 检疫准入

C. 标签监管　　D. 风险预警

61. 指定口岸入境措施，是指对进口可能存在动植物疫情疫病或者有毒有害物质的(　　)食品实行指定口岸入境，指定口岸条件及名录由国家质检总局制定并公布。

A. 中风险　　B. 高风险

C. 低风险　　D. 所有

62.《食品安全法》第六十五条明确规定，“向我国境内出口食品的境外食品生产企业应当经国家出入境检验检疫部门(　　)。”

A. 验证　　B. 注册

C. 许可　　D. 批准

63. 国家质检总局管理的(　　)负责组织实施进口食品境外生产企业的注册及其监督管理工作。

A. 进出口食品安全局　　B. 国家认证认可监督管理局

C. 中国国家标准化管理委员会　　D. 产品质量监督司

64. 进口食品境外生产企业申请注册，应通过其(　　)或其他规定的方式向国家认监委推荐，并提交符合规定条件的证明性文件以及材料。

A. 进口商　　B. 进口代理商

C. 行业协会　　D. 所在国家（地区）主管当局

65. 国家认监委根据工作需要，组成评审组对进口食品境外生产企业申请注册进行实地评审，评审组成员应当(　　)。

A. 3 人以上　　B. 1 ~ 3 人

C. 2 人以上　　D. 2 ~ 4 人

66. 进口食品境外生产企业注册有效期为(　　)。

A. 2 年　　B. 4 年

C. 3 年　　D. 5 年

67. 已获得注册的境外食品生产企业应当在其向我国境内出口的食品外包装上如实标注(　　)，不得出租、出借、转让、倒卖、涂改注册编号，否则吊销注册资格。

A. 企业名称　　B. 企业地址
C. 企业联系方式　　D. 注册编号

68. 已获得注册的境外食品生产企业应当在其向我国境内出口的食品外包装上如实标注注册编号，不得出租、出借、转让、倒卖、涂改注册编号，否则（　　）注册资格。

A. 吊销　　B. 取消
C. 撤销　　D. 暂停

69.《进出口食品安全管理办法》规定，"向中国境内出口食品的出口商或者代理商应当向（　　）备案。"

A. 企业工商注册登记地的直属检验检疫局
B. 进境口岸的直属检验检疫局
C. 货物目的地的直属检验检疫局
D. 国家质检总局

70. 国家出入境检验检疫部门应当（　　）公布已经备案的出口商、代理商和已经注册的境外食品生产企业名单。

A. 每半年　　B. 每季度
C. 每月　　D. 定期

71. 按照《国务院关于加强食品等产品安全监督管理的特别规定》"质检、药品监督管理部门依据生产经营者的诚信度和质量管理水平以及进口产品风险评估的结果，对进口产品实施（　　）管理，并对进口产品的收货人实施（　　）管理。"

A. 备案 分类　　B. 分类 备案
C. 分类 诚信　　D. 备案 诚信

72. 进口食品境外出口商或者代理商备案申请向（　　）提出。

A. 企业工商注册登记地的直属检验检疫局
B. 进境口岸的直属检验检疫局
C. 货物目的地的直属检验检疫局
D. 国家质检总局

73. 进口食品收货人备案申请向（　　）提出。

A. 企业工商注册登记地的直属检验检疫局
B. 进境口岸的直属检验检疫局
C. 货物目的地的直属检验检疫局
D. 国家质检总局

74. 进口食品检疫审批的全部审批工作自受理之日起（　　）个工作日内完成。

A. 10　　B. 20
C. 15　　D. 7

75. 进口食品时，海关凭口岸出入境检验检疫机构签发的《入境货物通关单》办理放行手续，海关放行后(　　)日内，必须向报检时申报的目的地检验检疫机构申请检验。

A. 10　　B. 20

C. 15　　D. 7

76. 进口食品检验检疫合格评定包括(　　)。

A. 检疫 检验　　B. 检疫 监管

C. 检验 监管　　D. 检验 放行

77. 首次进口尚无食品安全国家标准的食品，进口商应当向检验检疫机构提交(　　)出具的许可证明文件。

A. 国家食品药品监督管理总局　　B. 国务院卫生行政部门

C. 国家质检总局　　D. 国家工商行政管理总局

78. 抽/采样时，检验检疫机构应当出具印有序列号、加盖检验检疫业务印章的(　　)，抽样人与收货人或其代理报检单位应当双方签字。

A.《货物报检单》　　B.《抽/采样凭证》

C.《卫生证书》　　D.《检验检疫处理通知书》

79. 我国对进口预包装食品实行(　　)的制度。

A. 首次进口注册、加严监管　　B. 进口备案、加严监管

C. 首次进口备案、加严监管　　D. 首次进口登记、加严监管

80. 对于首次进口并经标签检验合格的预包装食品再次进口时，需提供(　　)。

A. 中外文标签样张与标签翻译件　　B. 标签备案凭证与中外文标签样张

C. 标签备案凭证与标签翻译件　　D. 标签备案凭证与原标签样张

81. 目前，我国针对出口食品安全管理，实行了出口食品(　　)制度。

A. 注册登记　　B. 疫病疫情监测

C. 召回　　D. 检疫准入

82. (　　)负责组织实施全国出口食品生产企业备案管理工作。

A. 卫生部　　B. 食品安全委员会

C. 认监委　　D. 食品药品监管总局

83. 出口食品生产企业应当(　　)向其所在地直属检验检疫机构提交上一年度报告。

A. 每两年　　B. 每年

C. 每季度　　D. 每月

84. 出口食品生产企业发生食品安全卫生问题的，应当及时向所在地直属检验检疫机构报告，并提交相关材料、原因分析和整改计划。直属检验检疫机构应当对出口食品生产企业的整改情况进行(　　)。

A. 出口资质认定　　B. 送实验室检测

C. 现场监督检查　　D. 书面审核检查

85. 出口食品生产企业需要办理国外卫生注册的，应当按照142号令的规定取得《备案证明》，依据我国和进口国有关要求，由(　　)统一对外推荐。

A. 直属检验检疫局　　B. 所在地卫生部门

C. 食品药品监管总局　　D. 国家认监委

86.《进出口食品安全管理办法》第二十八条规定，“国家质检总局对出口食品原料种植、养殖场实施(　　)管理。

A. 注册　　B. 登记

C. 许可　　D. 备案

87. 根据《出口食品原料种植场备案管理规定》，以下(　　)不能作为申请人向种植场所在地的检验检疫机构提出备案申请。

A. 某出口食品生产加工企业分公司　　B. 某种植场

C. 某行业协会　　D. 某农民专业合作经济组织

88. 根据《出口食品原料种植场备案管理规定》，申请人提交材料齐全的，种植场所在地检验检疫机构应当受理备案申请。审核工作应当自受理之日起(　　)个工作日内完成。

A. 5　　B. 10

C. 20　　D. 30

89. 检验检疫机构对备案种植场每年至少实施(　　)监督检查。

A. 一次　　B. 两次

C. 三次　　D. 四次

90. 食品生产许可证编号由英文字母QS和(　　)位阿拉伯数字组成。

A. 6　　B. 8

C. 10　　D. 12

91. 由于条件所限，现场查验无法完成的检验检疫项目，必须抽样送有条件的实验室检验。凡需检验检疫并出具结果的出口食品，均需(　　)到现场抽取样品。

A. 检验检疫人员　　B. 实验室检测人员

C. 生产企业负责人　　D. 代理商

92. 出口食品疫病疫情监测是一项疫病疫情防治的(　　)措施，其最终目的是把监测结果应用于保证出口食品安全和积极有效应对国外检疫措施壁垒。

A. 保障性　　B. 预防性

C. 治理性　　D. 指导性

93. 根据现行法律法规的规定，出口食品安全管理制度不包括(　　)。

A. 出口食品生产企业备案制度　　B. 出口食品种养基地备案管理制度

C. 供港澳地区食品安全监管制度　　D. 出口食品企业检疫审批制度

94. 办理出口食品种养殖基地备案的申请人应当在(　　)向种植场所在地的检验检疫机构提交局面备案申请。

A. 供货前3个月　　B. 出口前3个月

C. 种植生产季开始前3个月　　D. 报检前3个月

95.《出口食品生产企业备案证明》的有效期为(　　)。

A. 2年　　B. 3年

C. 4年　　D. 5年

96. 出口食品企业应当建立食品安全卫生控制体系运行及出口食品生产记录档案，保存期限不得少于(　　)。

A. 1年　　B. 2年

C. 3年　　D. 4年

97. 出口食品生产企业和出口食品原料种植、养殖场应当向国家(　　)部门备案。

A. 出入境检验检疫　　B. 工业和信息化

C. 工商行政　　D. 卫生行政

98. 根据《进出口食品安全管理办法》规定，出口食品生产经营者应当保证其出口食品符合进口国家（地区）的标准或者合同要求。进口国家（地区）无相关标准且合同未有要求的，应当保证出口食品符合食品安全(　　)标准。

A. 国际　　B. 国家

C. 行业　　D. 企业

99. 以下情况无需重新办理出口食品生产企业备案的是(　　)。

A. 出口食品生产企业生产地址搬迁

B. 新建或者改建生产车间

C. 食品安全卫生控制体系发生重大变更

D. 个别工人的人事变动

100. 甲种植场拟向所在地检验检疫机构提交出口食品种养殖基地备案的申请资料，以下不用提供的是(　　)。

A. 种植场负责人的身份证复印件

B. 植保员的身份证复印件

C. 种植场常用农业化学品清单

D. 企业承诺符合出口食品生产企业卫生要求和进口国（地区）要求的自我声明和自查报告

101. 种植场应当建立原料的生产记录制度，生产记录应当真实，记录保存期限不得少于(　　)。

A. 1年　　B. 2年

C. 3年　　D. 4年

102. 甲公司系出口动物源性食品生产企业，由于原供货的养殖场倒闭，违规使用了非备案养殖场的原料，尚未出口便被检验检疫部门发现。根据甲公司的所作所为，应处(　　)。

A. 5000 元以下罚款　　B. 1 万元以下罚款

C. 2 万元以下罚款　　D. 3 万元以下罚款

103. 某出口乳品生产经营者未建立追溯制度，被检验检疫部门及时发现，根据《进出口乳品检验检疫监督管理办法》，应(　　)。

A. 对其予以警告　　B. 吊销其生产资格

C. 处 3 万元以下罚款　　D. 处 1 万元以下罚款

104. 种植场和对应生产加工企业不在同一直属局管辖的，种植场所在地的直属局还应当(　　)将备案信息通报生产加工企业所在地的直属局。

A. 每年　　B. 每半年

C. 每季度　　D. 每月

105. 出口食品原料种植、养殖场相关记录不真实的，由检验检疫机构责令改正，有违法所得的，处违法所得(　　)罚款，最高不超过(　　)；没有违法所得的，处(　　)以下罚款：

A. 2 倍以上 5 倍以下　5 万元　1 万元

B. 3 倍以下　5 万元　2 万元

C. 2 倍以上 5 倍以下　5 万元　5000 元

D. 3 倍以下　3 万元　1 万元

106. 国家质检总局对进口食品境外生产企业实施(　　)，对向中国境内出口食品的出口商实施(　　)。

A. 分类管理 诚信管理　　B. 备案管理 诚信管理

C. 注册管理 分类管理　　D. 注册管理 备案管理

107. 出口食品原料种植、养殖场违规使用农业化学投入品的，由检验检疫机构责令改正，有违法所得的，处违法所得(　　)罚款，最高不超过(　　)；没有违法所得的，处(　　)以下罚款：

A. 2 倍以上 5 倍以下　5 万元　1 万元

B. 3 倍以下　5 万元　2 万元

C. 2 倍以上 5 倍以下　5 万元　5000 元

D. 3 倍以下　3 万元　1 万元

108.《国务院关于加强食品等产品安全监督管理的特别规定》规定，依据生产经营者的诚信度和质量管理水平以及进口产品风险评估的结果，对进口产品实施(　　)管理。

A. 验证　　B. 分类

C. 备案　　D. 注册

109.《进出口食品安全管理办法》规定，国家质检总局对进出口食品生产经营者实施(　　)管理。

A. 诚信　　B. 分类

C. 备案　　D. 注册

110. 2013 年 7 月 16 日，国家质检总局公告发布《出入境检验检疫信用管理办法》，自(　　)起施行。

A. 2014 年 3 月 1 日　　B. 2013 年 12 月 20 日

C. 2013 年 11 月 1 日　　D. 2014 年 1 月 1 日

111.《出入境检验检疫信用管理办法》明确了建立进出口食品企业信用体系由(　　)统一管理。

A. 国家出入境检验检疫部门　　B. 各地直属检验检疫局

C. 国家认证认可监督管理委员会　　D. 进出口食品安全局

112. 国家出入境检验检疫部门建立食品安全分类管理制度，对失信企业实行(　　)管理。

A. 分级　　B. 动态

C. 实时加严　　D. 监督

113. 进出口食品安全信息制度由(　　)统一建立。

A. 国家出入境检验检疫部门　　B. 国家食品药品监督管理总局

C. 国家认证认可监督管理委员会　　D. 国家卫生和计划生育委员会

114. 如果进口不符合我国食品安全国家标准的食品或者进口尚无食品安全国家标准的食品，未经安全性评估的，根据《食品安全法》第八十五条、第八十九条的规定，由检验检疫机构没收违法所得、违法生产经营的食品和用于违法生产经营的工具、设备、原料等物品；货值金额一万元以上的，并处货值金额(　　)罚款。

A. 等值　　B. 五倍

C. 五倍以上十倍以下　　D. 两倍以上五倍以下

115. 进口商未建立并遵守食品进口和销售记录制度，根据《食品安全法》第八十七条和第八十九条的规定，由检验检疫机构责令改正，给予警告；拒不改正的，处二千元以上二万元以下罚款；情节严重的，(　　)。

A. 处二万元以上五万元以下罚款　　B. 责令停产停业

C. 处一万元以上三万元以下罚款　　D. 责令暂停营业

116. 如果已经注册的境外食品生产企业提供虚假材料，或者因境外食品生产企业的原因致使相关进口食品发生重大食品安全事故的，国家出入境检验检疫部门应当(　　)注册，并予以公告。

A. 撤销　　B. 取消

C. 吊销　　D. 注销

117.《进出口食品安全管理办法》第十七条规定，进口食品在取得检验检疫合格证明之前，应当存放在检验检疫机构指定或者认可的监管场所，未经检验检疫机构许可，任何单位和个人不得动用。如果违反了该项规定，对于没有违法所得的，由检验检疫机构责令改正，处以(　　)罚款。

A. 1 万元以上 3 万元以下　　B. 2 万元以下

C. 5 千元以上 1 万元以下　　D. 1 万元以下

118. 如果出口食品原料种植、养殖场在出口食品原料种植、养殖过程中违规使用农业化学投入品的，或者相关记录不真实或者保存期限少于 2 年的，或者出口食品生产企业生产出口食品使用的原料未按照规定来自备案基地的，由检验检疫机构责令改正，有违法所得的，处违法所得(　　)罚款，最高不超过 3 万元。

A. 2 倍以下　　B. 3 倍以下

C. 等值以下　　D. 等值以上 3 倍以下

119. 根据《国务院关于加强食品等产品安全监督管理的特别规定》第七条、第八条的规定，出口产品的生产经营者逃避产品检验或者弄虚作假的，由出入境检验检疫机构和药品监督管理部门依据各自职责，没收违法所得和产品，并处(　　)的罚款。

A. 货值金额 3 倍　　B. 货值金额 3 倍以上 5 倍以下

C. 货值金额等值　　D. 货值金额 5 倍以上 10 倍以下

120. 根据《国务院关于加强食品等产品安全监督管理的特别规定》第七条、第八条规定，进口产品的进货人、销售者弄虚作假的，由质检、药品监督管理部门依据各自职责，没收违法所得和产品，并处货值金额(　　)的罚款。

A. 货值金额 3 倍　　B. 货值金额 3 倍以上 5 倍以下

C. 货值金额等值　　D. 货值金额 5 倍以上 10 倍以下

121. 根据《国务院关于加强食品等产品安全监督管理的特别规定》第七条、第八条规定，进口产品的报检人、代理人弄虚作假的，(　　)罚款。

A. 取消报检资格，并处货值金额等值

B. 暂停报检资格，并处货值金额等值

C. 取消报检资格，并处货值金额三倍以下

D. 暂停报检资格，并处货值金额三倍以下

122.《进出口乳品检验检疫监督管理办法》第十八条规定，进口乳品经检验检疫不合格的，由检验检疫机构出具不合格证明。进口商应当在(　　)完成销毁，并将销毁情况向检验检疫机构报告。

A. 15 日内　　B. 2 个月内

C. 3 个月内　　D. 1 个月内

123.《刑法》第一百四十三条：生产、销售不符合食品安全标准的食品，足以造

成严重食物中毒事故或者其他严重食源性疾病的，(　　)。

A. 处七年以上有期徒刑或者无期徒刑，并处罚金

B. 处三年以上七年以下有期徒刑，并处罚金

C. 处三年以下有期徒刑或者拘役，并处罚金

D. 处三年以上七年以下有期徒刑，没收财产

124.《刑法》第一百四十三条：生产、销售不符合食品安全标准的食品，对人体健康造成严重危害或者有其他严重情节的，(　　)。

A. 处七年以上有期徒刑或者无期徒刑，并处罚金

B. 处三年以上七年以下有期徒刑，并处罚金

C. 处三年以下有期徒刑或者拘役，并处罚金

D. 处三年以上七年以下有期徒刑，没收财产

125.《刑法》第一百四十三条：生产、销售不符合食品安全标准的食品，后果特别严重的，(　　)。

A. 处七年以上有期徒刑或者无期徒刑，并处罚金或没收财产

B. 处三年以上七年以下有期徒刑，并处罚金

C. 处三年以下有期徒刑或者拘役，并处罚金

D. 处三年以上七年以下有期徒刑，并处罚金

126.《刑法》第一百四十四条：在生产、销售的食品中掺入有毒、有害的非食品原料的，或者销售明知掺有有毒、有害的非食品原料的食品的，处(　　)。

A. 五年以上十年以下有期徒刑，并处罚金

B. 三年以下有期徒刑，并处罚金

C. 五年以下有期徒刑，并处罚金或者没收财产

D. 五年以下有期徒刑，并处罚金

127.《刑法》第一百四十四条：在生产、销售的食品中掺入有毒、有害的非食品原料的，或者销售明知掺有有毒、有害的非食品原料的食品的，对人体健康造成严重危害或者有其他严重情节的，处(　　)。

A. 五年以上十年以下有期徒刑，并处罚金

B. 三年以下有期徒刑，并处罚金

C. 五年以下有期徒刑，并处罚金或者没收财产

D. 五年以下有期徒刑，并处罚金

128. 负有食品安全监督管理职责的国家机关工作人员，滥用职权或者玩忽职守，导致发生重大食品安全事故或者造成其他严重后果的，处(　　)。

A. 三年以下有期徒刑或者拘役

B. 五年以下有期徒刑或者拘役

C. 五年以上十年以下有期徒刑，并处罚金

D. 三年以下有期徒刑，并处罚金

二、多选题

1. 国际食品法典将食品定义为“供人们食用的所有加工、半加工或未加工过的物质，包括(　　)以及任何在‘食品’加工、生产或处理过程中使用的物质。”

A. 饮料　　　　B. 口香糖

C. 化妆品　　　　D. 烟草

2. 食品相关产品，指用于食品的(　　)。

A. 包装材料　　　　B. 容器

C. 洗涤剂、消毒剂　　　　D. 用于食品生产经营的工具、设备

3. 用于食品的包装材料和容器，指包装、盛放食品食品添加剂用的(　　)。

A. 纸、竹、木、金属

B. 搪瓷、陶瓷、塑料、橡胶

C. 天然纤维、化学纤维、玻璃等制品

D. 直接接触食品或者食品添加剂的涂料

4. 用于食品生产经营的工具、设备，指在食品或者食品添加剂生产、流通、使用过程中直接接触食品或者食品添加剂的(　　)。

A. 机械　　　　B. 管道、传送带

C. 容器、用具　　　　D. 餐具

5. 食品的三项功能：(　　)。

A. 营养功能，即用来提供人体所需要的各种营养素

B. 感官功能，以满足人们不同的嗜好和要求

C. 生理调节功能

D. 保健功能

6. 《食品安全法》定义的食品安全，更多的是关注食品的(　　)。

A. 质量　　　　B. 供给

C. 安全　　　　D. 卫生

7. 国家质量检疫总局负责(　　)。

A. 食品包装材料、容器、食品生产经营工具等食品相关产品生产加工的监督管理

B. 进出口食品安全的监督管理

C. 食品安全风险评估和食品安全标准制定

D. 对食品的生产经营活动（包括生产、流通、消费环节）实施统一监督管理

8. 进出口食品检验检疫工作职能的内涵包括（　　）。

A. 对进出口动植物源性的食品实施检疫

B. 对进出口动植物源性的食品进行监督

C. 对进出口动植物源性的食品实行管理
D. 对食品质量安全的法定检验

9. 质检部门对出口食品，不断完善了从(　　)等全过程监管制度。
A. 种植养殖源头　　B. 生产加工
C. 储存运输　　D. 出口抽检

10. 质检部门在进出口食品安全防范方面，建立以(　　)为主要内容的进出口食品安全风险管理体系。
A. 风险监测　　B. 风险研判
C. 风险预警　　D. 风险处置

11. 在众多进出口食品安全相关法律法规和部门规章中，(　　)处于核心地位。
A.《进出口食品安全管理办法》　　B.《进出口商品检验法》
C.《食品安全法》　　D.《进出境动植物检疫法》

12.《食品安全法实施条例》规定，"进口食品的进口商应当持(　　)等必要的凭证和相关批准文件，向海关报关地的出入境检验检疫机构报检。"
A. 合同　　B. 发票
C. 装箱单　　D. 提单

13. 进口的食品、食品添加剂以及食品相关产品应当符合我国食品安全国家标准。在食品安全国家标准发布前，适用(　　)。
A. 现行食用农产品质量安全标准　　B. 食品卫生标准
C. 食品质量标准　　D. 有关食品的行业标准

14. (　　)，进口商应当向国务院卫生行政部门提出申请并提交相关的安全性评估材料。
A. 进口尚无食品安全国家标准的食品
B. 首次进口食品添加剂新品种
C. 首次进口食品相关产品新品种
D. 进口尚未加贴食品标签的食品

15. 对于无食品安全国家标准的食品进口，以及食品添加剂新品种、食品相关产品新品种的首次进口，(　　)应各负其责。
A. 国务院卫生行政部门　　B. 进口商
C. 检验检疫机构　　D. 工商行政管理部门

16. 进口预包装食品及食品添加剂的标签、说明书应载明(　　)。
A. 食品的原产地
B. 境内代理商的名称、地址、联系方式
C. 生产商的名称、地址、联系方式
D. 产品等级

17. 出入境检验检疫机构在对进口食品实施检验检疫时，应对进口食品标签内容是否符合(　　)进行检验。

A. 法律法规

B. 标准规定要求

C. 与质量有关内容的真实性、确定性

D. 贸易合同约定

18. 境外发生的食品安全事件可能对我国境内造成影响，或者在进口食品中发现严重食品安全问题的，国家出入境检验检疫部门应当及时采取风险预警或者控制措施，并向(　　)通报。

A. 国务院卫生行政　　B. 农业行政

C. 工商行政管理　　D. 国家食品药品监督管理部门

19. (　　)应当向国家出入境检验检疫部门备案。

A. 出口养殖场饲料供应企业　　B. 出口食品生产企业

C. 出口食品原料种植场　　D. 出口食品原料养殖场

20. 出口的食品由出入境检验检疫机构进行(　　)，海关凭出入境检验检疫机构签发的通关证明放行。

A. 监督　　B. 抽检

C. 批批现场检验　　D. 取样

21. 国家出入境检验检疫部门应当建立(　　)的信誉记录，并予以公布。

A. 进出口食品的进口商　　B. 进出口食品的出口商

C. 出口食品生产企业　　D. 进出口食品的销售商

22.《进境动植物检疫审批管理办法》要求对于《进出境动植物检疫法》及其他法律法规规定需要审批的(　　)需要进境检疫审批，并获得国家质检总局或者国家质检总局授权的其他审批机构签发的《检疫许可证》。

A. 进境动物（含过境动物）

B. 动植物产品

C. 需要特许审批的禁止进境物

D.《农业转基因生物安全管理条例》规定的过境转基因产品

23.《进口食品进出口商备案管理规定》要求对向中国大陆境内（不包括香港和澳门地区）出口食品的(　　)实施备案管理。

A. 境外出口商　　B. 境外代理商

C. 境内进口食品的销售商　　D. 境内进口食品的收货人

24. 出口预包装食品标签应符合(　　)要求。

A. 进口国（地区）相关法律法规

B. 进口国（地区）相关标准

C. 合同

D. 进口国（地区）无要求的，应符合我国相关法律法规及食品安全国家标准的

要求

25.《进出口食品添加剂检验检疫监督管理工作规范》要求进出口食品添加剂应当有(　　)。

A. 包装　　B. 输出国官方证明材料

C. 中文说明书　　D. 中文标签

26. 进口食品应符合(　　)。

A. 输出国标准

B. 我国食品安全国家标准

C. 我国与输出国（地区）签订的协议规定的检验检疫要求

D. 合同要求

27. 食品污染，指食品从原料的种植、生长到收获、捕捞、屠宰、加工、储存、运输、销售到食用前整个过程的各个环节，都有可能被某些有毒有害物质进入食品而使(　　)。

A. 破坏食品外观　　B. 食品的营养价值降低

C. 质量降低　　D. 对人体产生不同程度的危害

28. 我国进口食品准入经过了多年发展，已经形成涉及(　　)等为核心内容进口食品准入体系。

A. 检疫检验合格评定　　B. 食品安全体系评估

C. 检疫审批　　D. 备案

29. 对向我国出口的存在疫情疫病风险的食品进行风险分析，即(　　)等进行评估，符合我国要求的才准许进口。

A. 残留监控体系

B. 对出口国的公共卫生和兽医卫生法律法规和管理体系、兽医服务体系

C. 动物疫情状况

D. 拟输华产品健康安全风险

30. 按照国家质检总局《关于对获得我国大米检验检疫准入资格的国家名单的公告》的规定，只有(　　)的大米获得我国的检验检疫准入资格。

A. 乌拉圭　　B. 泰国

C. 越南　　D. 巴基斯坦

31. 根据国家质检总局 2013 年第 62 号公告公布的《进口食品境外生产企业注册实施目录》，目前我国对(　　)实施注册制度。

A. 进口肉类　　B. 燕窝

C. 水产品　　D. 乳品

32. 境外食品生产企业申请注册应符合的条件包括(　　)。

A. 企业所在国家（地区）的与注册相关的兽医服务体系、植物保护体系、公共卫生管理体系等经评估合格

B. 向我国出口的食品所用动植物原料应当来自非疫区，向我国出口的食品可能存在动植物疫病传播风险的，企业所在国家（地区）主管当局应当提供风险消除或者可控的证明文件和相关科学材料

C. 企业应当经所在国家（地区）相关主管当局批准并在其有效监管下，其卫生条件应当符合中国法律法规和标准规范的有关规定

D. 符合《食品安全法》要求的注册资金条件

33. 进口食品企业备案分为(　　)。

A. 进口食品收货人的备案

B. 向我国境内出口食品的出口商的备案

C. 向我国境内出口食品的代理商的备案

D. 进口食品销售商的备案

34. 对于(　　)应当提供国务院卫生行政部门进行安全性评估后出具的许可证明文件。

A. 首次进口预包装食品　　B. 进口尚无食品安全国家标准的食品

C. 首次进口食品添加剂新品种　　D. 首次进口食品相关产品新品种

35. 进口食品应当符合中国食品安全国家标准和相关检验检疫要求。食品安全国家标准公布前，按照现行(　　)实施检验。

A. 食用农产品质量安全标准　　B. 食品卫生标准

C. 食品质量标准　　D. 有关食品的行业标准中强制执行的标准

36. 对检验检疫不合格的进口食品，根据不合格情况按照相关规定进行(　　)等处理措施，同时，出具不合格证书。

A. 销毁　　B. 退运

C. 罚没　　D. 技术处理

37. 在进口食品现场查验时，根据《进出境动植物检疫法》要求，发现病虫害并有扩散可能时，及时对(　　)采取必要的防疫措施。

A. 运输工具　　B. 装卸现场

C. 该批货物　　D. 操作人员

38. 进口食品经检验检疫涉及(　　)项目不合格的，由检验检疫机构责令当事人销毁，或者出具退货处理通知单，由进口商办理退运手续。

A. 安全　　B. 健康

C. 品质　　D. 环境保护

39. 首次进口的预包装食品报检时，报检单位除应按报检规定提供报检资料外，还应按以下要求提供标签检验有关资料并加盖公章(　　)。

A. 原标签样张和翻译件

B. 预包装食品中文标签样张

C. 标签中所列进口商、经销商或者代理商工商营业执照复印件

D. 当进口预包装食品标签中强调某一内容，或者强调含有特殊成分的，应提供相应证明材料，标注营养成分含量的，应提供符合性证明材料

E. 应当随附的其他证书或者证明文件

40. 经检验，进口预包装食品有以下情形之一的，应判定标签不合格(　　)。

A. 因运输过程、储存条件、包装材料等原因致标签部分脱落

B. 进口预包装食品无中文标签的

C. 进口预包装食品的格式版面检验结果不符合我国法律、行政法规、规章及食品安全标准要求的

D. 符合性检测结果与标签标注内容不符的

41. 食品生产经营者未依照《食品安全法》规定召回或者停止经营不符合食品安全标准的食品的，县级以上(　　)可以责令其召回或者停止经营。

A. 农业部门　　B. 工商行政管理

C. 质量监督　　D. 食品药品监督管理部门

42. 以下属于出口食品安全管理制度的是(　　)。

A. 生产企业备案制度　　B. 检疫审批制度

C. 种养基地备案管理制度　　D. 疫情疫病监测制度

43.《食品安全法》第六十八条第二款规定，“(　　)应当向国家出入境检验检疫部门备案”。

A. 出口食品代理企业　　B. 出口食品经销企业

C. 出口食品生产企业　　D. 出口食品原料种植、养殖场

44. 我国食品（国内）市场准入制度包括三个方面内容：(　　)。

A. 食品生产许可证制度　　B. 强制检验制度

C. QS 标志制度　　D. 标签审核制度

45. 以下(　　)均是针对出口动物源性养殖场备案管理的规章和规范性文件。

A.《进出口肉类产品检验检疫监督管理办法》

B.《进出口水产品检验检疫监督管理办法》

C.《出口加工用肉猪饲养场检验检疫备案条件和要求》

D.《出口蜂产品养蜂基地检验检疫备案条件和要求》

46. 根据《出口食品生产企业备案管理规定》，以下(　　)为出口食品生产企业备案时应当提交的。

A. 企业厂区平面图　　B. 产品生产加工工艺

C. 食品添加剂使用情况　　D. 食品原辅料使用情况

47. 根据《出口食品原料种植场备案管理规定》，以下(　　)为出口食品原料种植场备案时应当提交的。

A. 种植场平面图　　B. 种植场的土壤检测报告

C. 种植场灌溉用水检测报告　　D. 种植场常用农业化学品清单

48. 出口食品检验检疫合格评定制度是指出入境检验检疫机构确定其管辖范围内的出口食品是否符合国家技术规范的强制性要求的合格评定活动。以下哪些为合格评定方式(　　)。

A. 抽样　　B. 评估

C. 验证　　D. 批准

49. 出口食品的出口商或者其代理人报检时，应当将所出口的食品按照(　　)逐一申报。

A. 品名　　B. 规格

C. 数/重量　　D. 生产日期

50. 出口食品疫病疫情监测制度对(　　)进行疫病疫情监测。

A. 出口食品供货的备案动物养殖场

B. 出口食品加工场所

C. 出口食品原料

D. 出口食品运输过程

51. 根据《进出境动植物检疫法》及其实施条例规定，以下属于出口食品检疫合格评定依据的是(　　)。

A. 输入国家或者地区有关动植物检疫规定

B. 双边检疫协定

C. 贸易合同中订明的检疫要求

D. 中国有关动植物检疫规定

52. 出口食品生产企业应当在运输包装上注明(　　)。

A. 企业名称　　B. 备案号

C. 产品品名　　D. 生产批号和生产日期

53. 对装运出口下列食品的集装箱、船舱、飞机、车辆等运载工具，承运人、装箱单位或者其代理人应当在装运前向检验检疫机构申请清洁、卫生、冷藏、密固等适载检验；未经检验或者经检验不合格的，不准装运。(　　)

A. 生鲜蔬菜　　B. 膨化食品

C. 冻虾　　D. 酸奶

54. 现场查验内容主要包括对(　　)等的监督查验。

A. 食品感官性状　　B. 食品包装

C. 食品标签　　D. 食品数（重）量

55. 由于条件所限，现场查验无法完成的检验检疫项目，必须抽样送有条件的实验室检验。所抽取的样品必须具有(　　)。

A. 代表性　　B. 准确性

C. 科学性　　D. 不同替代性

56. 国家质检总局与港澳地区特区政府主管部门建立了(　　)等机制，形成了保障供港澳食品质量安全长效机制。

A. 食物安全控制例会制度　　B. 联络员制度

C. 互访机制　　D. 技术交流

57.《食品安全法》第六十四条规定：境外发生的食品安全事件可能对我国境内造成影响，或者在进口食品中发现严重食品安全问题的，国家出入境检验检疫部门应当及时采取风险预警或者控制措施，并向(　　)通报。

A. 国务院卫生行政　　B. 农业行政

C. 工商行政管理　　D. 国家食品药品监督管理部门

58. 进出口食品检验检疫监督管理制度指的是涉及进出口食品的综合性监督管理和过程监督管理的制度，包括(　　)等。

A. 进出口食品生产经营企业诚信管理制度

B. 进出口食品安全信息管理制度

C. 进出口食品安全风险预警与快速反应管理制度

D. 进出口食品安全监控制度

59.《食品安全法》第六十九条第二款规定，“国家出入境检验检疫部门应当建立进出口食品的(　　)的信誉记录，并予以公布。”

A. 代理商　　B. 进口商

C. 出口商　　D. 出口食品生产企业

60.《出入境检验检疫信用管理办法》明确了信用体系针对的对象是指(　　)等。

A. 进口食品境外出口商　　B. 代理商及境内进口商

C. 出口食品生产企业　　D. 出口商

61.《出入境检验检疫信用管理办法》将企业信誉分为(　　)级，分别采取不同的监管措施。

A. AA　　B. B　　C. C

D. D　　E. A

62. 国家出入境检验检疫部门建立食品安全分类管理制度，对失信企业实行动态管理，即在评定周期内，检验检疫机构对企业的失信行为采取的即时管理措施，动态管理的措施包括(　　)等。

A. 停止进出口　　B. 布控

C. 即时降级　　D. 列入严重失信企业名单（黑名单）

63. 国家质检总局建立信息收集网络，收集、汇总下列食品安全信息：(　　)。

A. 检验检疫机构对进出口食品实施检验检疫发现的食品安全信息

B. 行业协会、消费者反映的进口食品安全信息

C. 国际组织、境外政府机构发布的食品安全信息、风险预警信息，以及境外行业协会等组织、消费者反映的食品安全信息

D. 其他食品安全信息

64. 进出口食品安全信息包括(　　)。

A. 进出口食品安全预警信息　　B. 进出口食品安全风险信息

C. 进出口食品安全一般信息　　D. 进出口食品安全重大信息

65. 风险预警措施包括：(　　)。

A. 向各地出入境检验检疫机构发布风险警示通报，检验检疫机构有针对性地加强检验检疫和监测

B. 向出口商发布风险警示通报，责令召回不合格食品

C. 向消费者发布风险警示通告，提醒消费者注意风险

D. 向国内外生产厂商或相关部门发布风险警示通告，提醒其及时采取适当的措施，主动消除或降低风险

66. 进出口食品质量安全监控体系的监控计划包括(　　)。

A. 出口动物及动物源性食品残留监控计划

B. 出口植物源性食品残留监控计划

C. 出口加工食品添加物监控计划

D. 进口食品质量安全监控计划

67. 如果出口商存在未报检或者未经监督、抽检合格擅自出口的、擅自调换经检验检疫机构监督、抽检并已出具检验检疫证明的出口食品的，由检验检疫机构(　　)。

A. 没收违法所得

B. 没收违法生产经营的食品

C. 没收用于违法生产经营的工具、设备、原料等物品

D. 货值金额 3 万元以上的，处货值金额五倍以上十倍以下罚款

68. 根据《国务院关于加强食品等产品安全监督管理的特别规定》第七条、第八条规定，进口产品的进货人、销售者弄虚作假的，由(　　)依据各自职责，没收违法所得和产品，并处货值金额 3 倍的罚款。

A. 工商行政管理部门　　B. 质检部门

C. 药品监督管理部门　　D. 卫生行政部门

69. 进口乳品经检验检疫涉及(　　)保护项目不合格的，检验检疫机构责令当事人销毁，或者出具退货处理通知单，由进口商办理退运手续。

A. 食品标签　　B. 安全

C. 健康　　D. 环境

70.《刑法》第一百四十三条、第一百四十四规定了危害食品安全的两个基本罪名，即(　　)。

A. 生产、销售变质、有害食品罪

B. 生产、销售不符合安全标准的食品罪

C. 生产、销售不符合卫生标准的食品罪

D. 生产、销售有毒、有害食品罪

三、判断题

1. 饮料、口香糖、化妆品、烟草都是食品。（　　）
2. 从食品安全立法和管理角度，食品仅包括食品、食品添加剂。（　　）
3. 国家质量监督检验检疫总局负责食品安全风险评估和食品安全标准制定。（　　）
4. 国家卫生和计划生育委员会负责食品安全风险评估和食品安全标准制定。（　　）
5. 国家质量监督检验检疫总局负责食品包装材料、容器、食品生产经营工具等食品相关产品生产加工的监督管理。同时，国家质检总局负责进出口食品安全的监督管理。（　　）
6. 质量监督部门负责药品、医疗器械、保健食品广告活动的监督检查。（　　）
7. 国家食品药品监督管理总局应当收集、汇总进出口食品安全信息，并及时通报国家质检总局。（　　）
8. 进出口食品安全风险管理体系是进出口食品安全管理工作的依据和基础。（　　）
9. 我国对向我国境内出口食品的境外食品生产企业实施注册管理制度，注册管理本质上即行政许可。（　　）
10. 《食品安全法》第六十五条规定，“向我国境内出口食品的出口商或者代理商应当向国家出入境检验检疫部门注册。”（　　）
11. 对于无食品安全国家标准的食品进口，以及食品添加剂新品种、食品相关产品新品种的首次进口，进口商可直接向检验检疫机构报检进口。（　　）
12. 进口食品经营者发现其经营的进口食品不符合食品安全标准，根据情况暂缓经营，通知相关生产经营者和消费者。（　　）
13. 对产地和出境口岸属于不同业务辖区的出口食品，货主应当在口岸报检，经检验检疫合格后取得出境货物通关单用于海关通关。（　　）
14. 《进口食品进出口商备案管理规定》要求对向中国大陆境内（包括香港和澳门地区）出口食品的境外出口商或者代理商，以及境内进口食品的收货人（以下统称进出口商）实施备案管理。（　　）
15. 《食品安全法》规定，除食品安全国家标准外，还可制定其他食品强制性标准。（　）
16. 在食品国际贸易中，进口国为了保护本国消费者的生命和健康，可以采取一定管理措施，对进口食品中的风险进行管制，但这些措施必须是依据科学的风险评估而制定的。（　　）

17. 列入《进口食品境外生产企业注册实施目录》内的进口食品入境时，出入境检验检疫机构应当查验其是否由获得注册的企业生产，注册编号是否真实、准确。(　　)
18. 出口商或者代理商名称、地址、电话等发生变化时，应当及时通过备案管理系统进行修改。(　　)
19. 收货人名称、地址、电话等发生变化时，应当及时通过备案管理系统提出修改申请，由检验检疫机构审核同意后，予以修改。(　　)
20. 进口食品检疫审批的申请受理、初审和终审工作部分在网上进行。(　　)
21. 进口食品的进口商应当持合同、发票、装箱单、提单等必要的凭证和相关批准文件，向海关报关地的出入境检验检疫机构报检。(　　)
22. 《国务院关于加强食品等产品安全监督管理的特别规定》规定，进口食品应当符合我国技术规范要求以及我国与出口国（地区）签订的协议规定的检验要求。(　　)
23. 抽/采样时，检验检疫机构应当出具印有序列号、加盖检验检疫业务印章的《抽/采样凭证》，抽样人与收货人或其代理报检单位应当双方签字。(　　)
24. 进口食品经检验检疫涉及安全、健康、环境保护项目不合格的，可以在检验检疫机构的监督下进行技术处理，经重新检验合格后，方可销售、使用。(　　)
25. 《进出口食品安全管理办法》第四十八条规定，进口食品存在安全问题，已经或者可能对人体健康和生命安全造成损害的，进口食品进口商应当主动召回并向所在地检验检疫机构报告。(　　)
26. 食品进口和销售记录是对进口食品在我国境内追溯的起点或终点，需要进行规范，以确保进口食品的可追溯性。(　　)
27. 我国对出口食品生产企业的监管采用卫生注册制度。(　　)
28. 甲公司为了扩大生产规模，扩建了出口食品生产车间，但是生产设备的规格、数量及生产人员等未发生变化，因此在变更前不需要向所在地直属检验检疫机构报告。(　　)
29. 出口食品企业应当建立食品安全卫生控制体系运行及出口食品生产记录档案，保存期限不得少于2年。(　　)
30. 出口食品生产企业需要办理国外卫生注册的，应当按照国家质检总局[2011]第142号令的规定取得《备案证明》，依据我国和进口国有关要求，向其所在地直属检验检疫机构提出申请，由该直属检验检疫机构对外推荐。(　　)
31. 根据《食品安全法》第六十八条第二款规定，“出口食品生产企业和出口食品原料种植、养殖场应当向国家出入境检验检疫部门注册登记。”(　　)
32. 根据《出口食品原料种植场备案管理规定》，备案种植场应当为其生产的每

一批原料出具出口食品加工原料供货证明文件。(　　)

33. 出口食品的出口商应当持必要的凭证和相关批准文件，向海关报关地的出入境检验检疫机构报检。(　　)

34. 首次出口的预包装食品，其中文标签经检验合格的，由施检机构发给备案凭证。(　　)

35. 由于食品直接关系生命健康，在追究违反食品检验检疫法律法规的违法行为时，可以根据实际情况酌情从重予以制裁。(　　)

36. 《食品安全法》的出台，将原来的出口食品监督、抽检改为出口食品检验。(　　)

37. 《国务院关于加强食品等产品安全监督管理的特别规定》规定，出入境检验检疫机构应当建立出口食品生产经营者的良好记录和不良记录，并予以公布，对有良好记录的出口产品的生产经营者，可免于检验检疫。(　　)

38. 《出入境检验检疫信用管理办法》将企业信誉分为 A、B、C、D 级，分别采取不同的监管措施。(　　)

39. 国家出入境检验检疫部门建立食品安全分类管理制度，对失信企业实行动态管理。(　　)

40. 进出口食品安全信息包括进出口食品安全风险信息和进出口食品安全一般信息。(　　)

41. 个人、单位均有权对外发布食品安全信息及处置情况。(　　)

42. 进出口食品安全管理法律责任从责任主体角度划分，可以分为行政相对人和行政机关（包括行政机关工作人员）。(　　)

43. 《刑法》第一百四十三条、第一百四十四规定了危害食品安全的两个基本罪名，即生产、销售不符合安全标准的食品罪和生产、销售有毒、有害食品罪。(　　)

44. 《进出口乳品检验检疫监督管理办法》第十八条规定，进口乳品经检验检疫不合格的，由检验检疫机构出具不合格证明。进口商应当在 3 个月内完成销毁，并将销毁情况向检验检疫机构报告。(　　)

45. 境外发生的食品安全事件可能对我国境内造成影响，或者在进口食品中发现严重食品安全问题的，国家出入境检验检疫部门应当及时采取风险预警或者控制措施，并向国务院卫生行政、农业行政、工商行政管理和国家食品药品监督管理部门通报。(　　)

四、名词解释

1. 食品（《食品安全法》规定的定义）
2. 食品安全（《食品安全法》规定的定义）
3. 预包装食品

4. 食品安全事故
5. 进口食品检验检疫合格评定
6. 进出口食品安全管理法律制度

五、参考答案

单选题

1. A（依据《进出口食品安全管理办法》法律制度概述/食品）

2. B（依据进出口食品安全管理法律制度概述/食品）

3. A（依据进出口食品安全管理法律制度概述/食品安全/食品安全的定义）

4. A（依据进出口食品安全管理法律制度概述/食品安全/食品安全的定义）

5. A（依据进出口食品安全管理法律制度概述/进出口食品安全管理/当前食品安全监管体制）

6. A（依据进出口食品安全管理法律制度概述/进出口食品安全管理/当前食品安全监管体制）

7. B（依据进出口食品安全管理法律制度概述/进出口食品安全管理/当前食品安全监管体制）

8. B（依据进出口食品安全管理法律制度概述/进出口食品安全管理/当前食品安全监管体制）

9. C（依据进出口食品安全管理法律制度概述/进出口食品安全管理/当前食品安全监管体制）

10. C（依据进出口食品安全管理法律制度概述/进出口食品安全管理/当前食品安全监管体制）

11. A（依据进出口食品安全管理法律制度概述/进出口食品安全管理/当前食品安全监管体制）

12. D（依据进出口食品安全管理法律制度概述/进出口食品安全管理/当前食品安全监管体制）

13. C（依据进出口食品安全管理法律制度概述/进出口食品安全管理/当前食品安全监管体制）

14. C（依据进出口食品安全管理法律制度概述/进出口食品安全管理/当前食品安全监管体制）

15. A（依据进出口食品安全管理法律制度概述/进出口食品安全管理/当前食品安全监管体制）

16. B（依据进出口食品安全管理法律制度概述/进出口食品安全管理/当前食品安全监管体制）

17. C（依据进出口食品安全管理法律制度概述/进出口食品安全管理/当前食品安全监管体制）

18. A（依据进出口食品安全管理法律制度概述/进出口食品安全管理/进出口食品安全管理体制）

19. B（依据进口食品安全管理主要制度/进口食品企业注册登记制度/基本制度）

20. A（依据进出口食品安全管理法律制度概述/进出口食品安全管理/进出口食品安全管理体制）

21. A（依据进出口食品安全管理法律制度概述/进出口食品安全管理法律制度/进出口食品安全管理法律制度基本涵义）

22. A（依据进出口食品安全管理法律制度概述/进出口食品安全管理法律制度/进出口食品安全管理法律法规发展历程）

23. B（依据进出口食品安全管理法律制度概述/进出口食品安全管理法律制度/进出口食品安全管理法律制度体系/法律）

24. A（依据进出口食品安全管理法律制度概述/进出口食品安全管理法律制度/进出口食品安全管理法律制度体系/法律）

25. B（依据进出口食品安全管理法律制度概述/进出口食品安全管理法律制度/进出口食品安全管理法律制度体系/法律）

26. C（依据进出口食品安全管理法律制度概述/进出口食品安全管理法律制度/进出口食品安全管理法律制度体系/法律）

27. B（依据进出口食品安全管理法律制度概述/进出口食品安全管理法律制度/进出口食品安全管理法律制度体系/法律）

28. D（依据进出口食品安全管理法律制度概述/进出口食品安全管理法律制度/进出口食品安全管理法律制度体系/法律）

29. D（依据进出口食品安全管理法律制度概述/进出口食品安全管理法律制度/进出口食品安全管理法律制度体系/法律）

30. B（依据进出口食品安全管理法律制度概述/进出口食品安全管理法律制度/进出口食品安全管理法律制度体系/法律）

31. B（依据进出口食品安全管理法律制度概述/进出口食品安全管理法律制度/进出口食品安全管理法律制度体系/法律）

32. A（依据进出口食品安全管理法律制度概述/进出口食品安全管理法律制度/进出口食品安全管理法律制度体系/法律）

33. B（依据进出口食品安全管理法律制度概述/进出口食品安全管理法律制度/进出口食品安全管理法律制度体系/法律）

34. C（依据进出口食品安全管理法律制度概述/进出口食品安全管理法律制度/进出口食品安全管理法律制度体系/法律）

35. A（依据进出口食品安全管理法律制度概述/进出口食品安全管理法律制度/进出口食品安全管理法律制度体系/行政法规）

36. C（依据进出口食品安全管理法律制度概述/进出口食品安全管理法律制度/进出口食品安全管理法律制度体系/行政法规）

37. B（依据进出口食品安全管理法律制度概述/进出口食品安全管理法律制度/进出口食品安全管理法律制度体系/部门规章）

38. A（依据进出口食品安全管理法律制度概述/进出口食品安全管理法律制度/进出口食品安全管理法律制度体系/部门规章）

39. B（依据进出口食品安全管理法律制度概述/进出口食品安全管理法律制度/进出口食品安全管理法律制度体系/部门规章）

40. B（依据进出口食品安全管理法律制度概述/进出口食品安全管理法律制度/进出口食品安全管理法律制度体系/部门规章）

41. B（依据进出口食品安全管理法律制度概述/进出口食品安全管理法律制度/进出口食品安全管理法律制度体系/部门规章）

42. A（依据《食品安全法》第十九条）

43. A（依据进出口食品安全管理法律制度概述/进出口食品安全管理法律制度/进出口食品安全管理相关的法律概念和有关缩略词）

44. B（依据进出口食品安全管理法律制度概述/进出口食品安全管理法律制度/进出口食品安全管理相关的法律概念和有关缩略词）

45. C（依据进出口食品安全管理法律制度概述/进出口食品安全管理法律制度/进出口食品安全管理相关的法律概念和有关缩略词）

46. D（依据进出口食品安全管理法律制度概述/进出口食品安全管理法律制度/进出口食品安全管理相关的法律概念和有关缩略词）

47. A（依据进出口食品安全管理法律制度概述/进出口食品安全管理法律制度/进出口食品安全管理相关的法律概念和有关缩略词）

48. B（依据进出口食品安全管理法律制度概述/进出口食品安全管理法律制度/进出口食品安全管理相关的法律概念和有关缩略词）

49. C（依据进出口食品安全管理法律制度概述/进出口食品安全管理法律制度/进出口食品安全管理相关的法律概念和有关缩略词）

50. A（依据进出口食品安全管理法律制度概述/进出口食品安全管理法律制度/进出口食品安全管理相关的法律概念和有关缩略词）

51. B（依据进出口食品安全管理法律制度概述/进出口食品安全管理法律制度/进出口食品安全管理相关的法律概念和有关缩略词）

52. C（依据进出口食品安全管理法律制度概述/进出口食品安全管理法律制度/进出口食品安全管理相关的法律概念和有关缩略词）

53. D（依据进出口食品安全管理法律制度概述/进出口食品安全管理法律制度/进出口食品安全管理相关的法律概念和有关缩略词）

54. B（依据进出口食品安全管理法律制度概述/进出口食品安全管理法律制度/

进出口食品安全管理相关的法律概念和有关缩略词）

55. A（依据进出口食品安全管理法律制度概述/进出口食品安全管理法律制度/进出口食品安全管理相关的法律概念和有关缩略词）

56. D（依据进出口食品安全管理法律制度概述/进出口食品安全管理法律制度/进出口食品安全管理法律制度体系）

57. B（依据进口食品安全管理主要制度/风险分析与检疫准入制度/风险分析）

58. C（依据进口食品安全管理主要制度/风险分析与检疫准入制度/检疫准入制度）

59. C（依据进口食品安全管理主要制度/风险分析与检疫准入制度/检疫准入制度）

60. B（依据进口食品安全管理主要制度/风险分析与检疫准入制度/检疫准入制度）

61. B（依据进口食品安全管理主要制度/风险分析与检疫准入制度/检疫准入制度）

62. B（依据进口食品安全管理主要制度/进口食品企业注册登记制度/法律依据）

63. B（依据进口食品安全管理主要制度/进口食品企业注册登记制度/基本制度）

64. D（依据进口食品安全管理主要制度/进口食品企业注册登记制度/注册申请及批准）

65. C（依据进口食品安全管理主要制度/进口食品企业注册登记制度/注册申请及批准）

66. B（依据进口食品安全管理主要制度/进口食品企业注册登记制度/注册申请及批准）

67. D（依据进口食品安全管理主要制度/进口食品企业注册登记制度/监督管理）

68. A（依据进口食品安全管理主要制度/进口食品企业注册登记制度/监督管理）

69. D（依据进口食品安全管理主要制度/进口食品企业备案制度/法律依据）

70. D（依据进口食品安全管理主要制度/进口食品企业备案制度/法律依据）

71. B（依据进口食品安全管理主要制度/进口食品企业备案制度/法律依据）

72. D（依据进口食品安全管理主要制度/进口食品企业备案制度/进口食品境外出口商及代理商备案制度）

73. A（依据进口食品安全管理主要制度/进口食品企业备案制度/进口食品收货人备案制度）

74. B（依据进口食品安全管理主要制度/进口食品检疫审批制度/进口食品检疫

审批程序）

75. B（依据进口食品安全管理主要制度/进口食品报检通关制度）

76. A（依据进口食品安全管理主要制度/进口食品检验检疫合格评定制度/合格评定方式）

77. B（依据进口食品安全管理主要制度/进口食品检验检疫合格评定制度/进口食品检验检疫合格评定依据）

78. B（依据进口食品安全管理主要制度/进口食品检验检疫合格评定制度/检验检疫的程序与内容）

79. C（依据进口食品安全管理主要制度/进口食品标签监管制度/基本制度）

80. B（依据进口食品安全管理主要制度/进口食品标签监管制度/基本制度）

81. B（依据出口食品安全管理主要制度/概述）

82. C（依据出口食品安全管理主要制度/出口食品生产企业备案制度/基本制度）

83. B（依据出口食品安全管理主要制度/出口食品生产企业备案制度/备案管理）

84. C（依据出口食品安全管理主要制度/出口食品生产企业备案制度/备案管理）

85. D（依据出口食品安全管理主要制度/出口食品生产企业备案制度/推荐国外注册）

86. D（依据出口食品安全管理主要制度/出口食品种养殖基地备案制度/法律依据）

87. A（依据出口食品安全管理主要制度/出口食品种养殖基地备案制度/基本制度）

88. C（依据出口食品安全管理主要制度/出口食品种养殖基地备案制度/备案程序）

89. A（依据出口食品安全管理主要制度/出口食品种养殖基地备案制度/监督管理）

90. D（依据出口食品安全管理主要制度/出口食品境内销售市场准入制度）

91. A（依据出口食品安全管理主要制度/出口食品检验检疫合格评定制度/出口食品检验检疫的内容和程序）

92. B（依据出口食品安全管理主要制度/出口食品疫情疫病监测制度）

93. D（依据出口食品安全管理主要制度）

94. C（依据出口食品安全管理主要制度/出口食品种养殖基地备案制度/备案程序）

95. C（依据出口食品安全管理主要制度/出口食品生产企业备案制度/内容与程序）

96. B（依据出口食品安全管理主要制度/出口食品生产企业备案制度/备案管理）

97. A（依据出口食品安全管理主要制度/出口食品种养殖基地备案制度/法律依据）

98. B（依据出口食品安全管理主要制度/出口食品检验检疫合格评定制度/出口食品检验检疫合格评定依据）

99. D（依据出口食品安全管理主要制度/出口食品生产企业备案制度/内容与程序）

100. D（依据出口食品安全管理主要制度/出口食品种养殖基地备案制度/备案程序）

101. B（依据出口食品安全管理主要制度/出口食品种养殖基地备案制度/监督管理）

102. B（依据法律责任/行政相对人的法律责任）

103. D（依据法律责任/行政相对人的法律责任/《进出口乳品检验检疫监督管理办法》法律责任）

104. C（依据出口食品安全管理主要制度/出口食品种养殖基地备案制度/监督管理）

105. D（依据法律责任/行政相对人的法律责任/出口食品种养殖基地备案法律责任）

106. D（依据进口食品安全管理主要制度，出口食品安全管理主要制度）

107. D（依据法律责任/行政相对人的法律责任/出口食品种养殖基地备案法律责任）

108. B（依据进出口食品检验检疫监督管理制度/进出口食品生产经营企业诚信管理制度）

109. A（依据进出口食品检验检疫监督管理制度/进出口食品生产经营企业诚信管理制度）

110. D（依据进出口食品检验检疫监督管理制度/进出口食品生产经营企业诚信管理制度）

111. A（依据进出口食品检验检疫监督管理制度/进出口食品生产经营企业诚信管理制度/基本制度）

112. B（依据进出口食品检验检疫监督管理制度/进出口食品生产经营企业诚信管理制度/基本制度）

113. A（依据进出口食品检验检疫监督管理制度/进出口食品安全信息管理制度/基本制度）

114. C（依据法律责任/行政相对人的法律责任/行政责任）

115. B（依据法律责任/行政相对人的法律责任/行政责任）

116. A（依据法律责任/行政相对人的法律责任/行政责任）

117. D（依据法律责任/行政相对人的法律责任/行政责任）

118. B（依据法律责任/行政相对人的法律责任/行政责任）

119. A（依据法律责任/行政相对人的法律责任/行政责任）

120. A（依据法律责任/行政相对人的法律责任/行政责任）

121. A（依据法律责任/行政相对人的法律责任/行政责任）

122. C（依据法律责任/行政相对人的法律责任/行政责任）

123. C（依据法律责任/行政相对人的法律责任/刑事责任）

124. B（依据法律责任/行政相对人的法律责任/刑事责任）

125. A（依据法律责任/行政相对人的法律责任/刑事责任）

126. D（依据法律责任/行政相对人的法律责任/刑事责任）

127. A（依据法律责任/行政相对人的法律责任/刑事责任）

128. B（依据法律责任/行政机关及其工作人员的法律责任）

多选题

1. AB（依据进出口食品安全管理法律制度概述/食品）

2. ABCD（依据进出口食品安全管理法律制度概述/食品）

3. ABCD（依据进出口食品安全管理法律制度概述/食品）

4. ABCD（依据进出口食品安全管理法律制度概述/食品）

5. ABC（依据进出口食品安全管理法律制度概述/食品）

6. AD（依据进出口食品安全管理法律制度概述/食品安全/食品安全的定义）

7. AB（依据进出口食品安全管理法律制度概述/进出口食品安全管理/当前食品安全监管体制）

8. AD（依据进出口食品安全管理法律制度概述/进出口食品安全管理）

9. ABCD（依据进出口食品安全管理法律制度概述/进出口食品安全管理/我国进出口食品安全管理现状）

10. ABCD（依据进出口食品安全管理法律制度概述/进出口食品安全管理/我国进出口食品安全管理现状）

11. AC（依据进出口食品安全管理法律制度概述/进出口食品安全管理法律制度/进出口食品安全管理法律制度体系）

12. ABCD（依据进出口食品安全管理法律制度概述/进出口食品安全管理法律制度/进出口食品安全管理法律制度体系/法律）

13. ABCD（依据进出口食品安全管理法律制度概述/进出口食品安全管理法律制度/进出口食品安全管理法律制度体系/法律）

14. ABC（依据进出口食品安全管理法律制度概述/进出口食品安全管理法律制度/进出口食品安全管理法律制度体系/法律）

15. ABC（依据进出口食品安全管理法律制度概述/进出口食品安全管理法律制

度/进出口食品安全管理法律制度体系/法律）

16. AB（依据进出口食品安全管理法律制度概述/进出口食品安全管理法律制度/进出口食品安全管理法律制度体系/法律）

17. ABC（依据进出口食品安全管理法律制度概述/进出口食品安全管理法律制度/进出口食品安全管理法律制度体系/法律）

18. ABCD（依据进出口食品安全管理法律制度概述/进出口食品安全管理法律制度/进出口食品安全管理法律制度体系/法律）

19. BCD（依据进出口食品安全管理法律制度概述/进出口食品安全管理法律制度/进出口食品安全管理法律制度体系/法律）

20. AB（依据进出口食品安全管理法律制度概述/进出口食品安全管理法律制度/进出口食品安全管理法律制度体系/法律）

21. ABC（依据进出口食品安全管理法律制度概述/进出口食品安全管理法律制度/进出口食品安全管理法律制度体系/法律）

22. ABCD（依据进出口食品安全管理法律制度概述/进出口食品安全管理法律制度/进出口食品安全管理法律制度体系/部门规章）

23. ABD（依据进出口食品安全管理法律制度概述/进出口食品安全管理法律制度/进出口食品安全管理法律制度体系/规范性文件）

24. ABCD（依据进出口食品安全管理法律制度概述/进出口食品安全管理法律制度/进出口食品安全管理法律制度体系/规范性文件）

25. ACD（依据进出口食品安全管理法律制度概述/进出口食品安全管理法律制度/进出口食品安全管理法律制度体系/规范性文件）

26. BC（依据进出口食品安全管理法律制度概述/进出口食品安全管理法律制度/进出口食品安全管理法律制度体系/食品技术法规）

27. BCD（依据进出口食品安全管理法律制度概述/进出口食品安全管理法律制度/进出口食品安全管理相关的法律概念和有关缩略词）

28. BCD（依据进口食品安全管理主要制度/风险分析与检疫准入制度/检疫准入制度）

29. ABCD（依据进口食品安全管理主要制度/风险分析与检疫准入制度/检疫准入制度）

30. ABCD（依据进口食品安全管理主要制度/风险分析与检疫准入制度/检疫准入制度）

31. ACD（依据进口食品安全管理主要制度/进口食品企业注册登记制度/基本制度）

32. ABC（依据进口食品安全管理主要制度/进口食品企业注册登记制度/注册条件）

33. ABC（依据进口食品安全管理主要制度/进口食品企业备案制度/法律依据）

34. BCD（依据进口食品安全管理主要制度/进口食品报检通关制度）

35. ABCD（依据进口食品安全管理主要制度/进口食品检验检疫合格评定制度/进口食品检验检疫合格评定依据）

36. ABD（依据进口食品安全管理主要制度/进口食品检验检疫合格评定制度/检验检疫的程序与内容）

37. ABC（依据进口食品安全管理主要制度/进口食品检验检疫合格评定制度/检验检疫的程序与内容）

38. ABD（依据进口食品安全管理主要制度/进口食品检验检疫合格评定制度/检验检疫的程序与内容）

39. ABCDE（依据进口食品安全管理主要制度/进口食品标签监管制度/基本制度）

40. BCD（依据进口食品安全管理主要制度/进口食品标签监管制度/基本制度）

41. BCD（依据进口食品安全管理主要制度/进口食品召回制度/法律依据）

42. ACD（依据出口食品安全管理主要制度/概述）

43. CD（依据出口食品安全管理主要制度/出口食品生产企业备案制度/法律依据）

44. ABC（依据出口食品安全管理主要制度/出口食品境内销售市场准入制度）

45. ABCD（依据出口食品安全管理主要制度/出口食品种养殖基地备案制度/法律依据）

46. ABCD（依据出口食品安全管理主要制度/出口食品生产企业备案制度/内容与程序）

47. ABCD（依据出口食品安全管理主要制度/出口食品种养殖基地备案制度/备案程序）

48. ABCD（依据出口食品安全管理主要制度/出口食品检验检疫合格评定制度/合格评定方式）

49. ABCD（依据出口食品安全管理主要制度/出口食品报检通关制度）

50. ABCD（依据出口食品安全管理主要制度/出口食品疫情疫病监测制度）

51. ABCD（依据出口食品安全管理主要制度/出口食品检验检疫合格评定制度/出口食品检验检疫合格评定依据）

52. ABCD（依据出口食品安全管理主要制度/出口食品检验检疫合格评定制度/出口食品检验检疫的内容和程序）

53. ACD（依据出口食品安全管理主要制度/出口食品检验检疫合格评定制度/出口食品检验检疫的内容和程序）

54. ABCD（依据出口食品安全管理主要制度/出口食品检验检疫合格评定制度/出口食品检验检疫的内容和程序）

55. ABC（依据出口食品安全管理主要制度/出口食品检验检疫合格评定制度/出

口食品检验检疫的内容和程序）

56. ABCD（依据出口食品安全管理主要制度/供港澳地区食品安全监管制度）

57. ABCD（依据进出口食品检验检疫监督管理制度/进出口食品风险预警及快速反应管理制度/法律依据）

58. ABCD（依据进出口食品检验检疫监督管理制度/概述）

59. BCD（依据进出口食品检验检疫监督管理制度/进出口食品生产经营企业诚信管理制度/法律依据）

60. ABCD（依据进出口食品检验检疫监督管理制度/进出口食品生产经营企业诚信管理制度/基本制度）

61. ABCDE（依据进出口食品检验检疫监督管理制度/进出口食品生产经营企业诚信管理制度/基本制度）

62. BCD（依据进出口食品检验检疫监督管理制度/进出口食品生产经营企业诚信管理制度/基本制度）

63. ABCD（依据进出口食品检验检疫监督管理制度/进出口食品安全信息管理制度/基本制度）

64. BC（依据进出口食品检验检疫监督管理制度/进出口食品安全信息管理制度/基本制度）

65. ACD（依据进出口食品检验检疫监督管理制度/进出口食品风险预警及快速反应管理制度/基本制度）

66. ABCD（依据进出口食品检验检疫监督管理制度/进出口食品安全监控制度）

67. ABC（依据法律责任/行政相对人的法律责任/行政责任）

68. BC（依据法律责任/行政相对人的法律责任/行政责任）

69. BCD（依据法律责任/行政相对人的法律责任/行政责任）

70. BD（依据法律责任/行政相对人的法律责任/刑事责任）

判断题

1. ×（依据进出口食品安全管理法律制度概述/食品）

2. ×（依据进出口食品安全管理法律制度概述/食品）

3. ×（依据进出口食品安全管理法律制度概述/进出口食品安全管理/当前食品安全监管体制）

4. √（依据进出口食品安全管理法律制度概述/进出口食品安全管理/当前食品安全监管体制）

5. √（依据进出口食品安全管理法律制度概述/进出口食品安全管理/当前食品安全监管体制）

6. ×（依据进出口食品安全管理法律制度概述/进出口食品安全管理/当前食品安全监管体制）

7. ×（依据进出口食品安全管理法律制度概述/进出口食品安全管理/当前食品

安全监管体制）

8. ×（依据进出口食品安全管理法律制度概述/进出口食品安全管理法律制度/基本涵义）

9. √（依据进出口食品安全管理法律制度概述/进出口食品安全管理法律制度/进出口食品安全管理法律制度体系/法律）

10. ×（依据《食品安全法》第六十五条）

11. ×（依据进出口食品安全管理法律制度概述/进出口食品安全管理法律制度/进出口食品安全管理法律制度体系/法律）

12. ×（依据进出口食品安全管理法律制度概述/进出口食品安全管理法律制度/进出口食品安全管理法律制度体系/法律）

13. ×（依据进出口食品安全管理法律制度概述/进出口食品安全管理法律制度/进出口食品安全管理法律制度体系/法律）

14. ×（依据进出口食品安全管理法律制度概述/进出口食品安全管理法律制度/进出口食品安全管理法律制度体系/规范性文件）

15. ×（依据进出口食品安全管理法律制度概述/进出口食品安全管理法律制度/进出口食品安全管理法律制度体系/食品技术法规）

16. √（依据进口食品安全管理主要制度/风险分析与检疫准入制度/风险分析）

17. √（依据进口食品安全管理主要制度/进口食品企业注册登记制度/基本制度）

18. ×（依据进口食品安全管理主要制度/进口食品企业备案制度/进口食品境外出口商及代理商备案制度）

19. √（依据进口食品安全管理主要制度/进口食品企业备案制度/进口食品收货人备案制度）

20. ×（依据进口食品安全管理主要制度/进口食品检疫审批制度/进口食品检疫审批程序）

21. √（依据进口食品安全管理主要制度/进口食品报检通关制度）

22. ×（依据进口食品安全管理主要制度/进口食品检验检疫合格评定制度/进口食品检验检疫合格评定依据）

23. √（依据进口食品安全管理主要制度/进口食品检验检疫合格评定制度/检验检疫的程序与内容）

24. ×（依据进口食品安全管理主要制度/进口食品检验检疫合格评定制度/检验检疫的程序与内容）

25. √（依据进口食品安全管理主要制度/进口食品召回制度/法律依据）

26. √（依据进出口食品安全管理法律制度概述/进出口食品安全管理法律制度/进出口食品安全管理法律制度体系/法律）

27. ×（依据出口食品安全管理主要制度/出口食品生产企业备案制度）

28. ×（依据出口食品安全管理主要制度/出口食品生产企业备案制度/内容与程序）

29. √（依据出口食品安全管理主要制度/出口食品生产企业备案制度/备案管理）

30. ×（依据出口食品安全管理主要制度/出口食品生产企业备案制度/推荐国外卫生注册）

31. ×（依据出口食品安全管理主要制度/出口食品种养殖基地备案制度/法律依据）

32. √（依据出口食品安全管理主要制度/出口食品种养殖基地备案制度/监督管理）

33. ×（依据出口食品安全管理主要制度/出口食品报检通关制度）

34. ×（依据出口食品安全管理主要制度/出口食品检验检疫合格评定制度/出口食品检验检疫的内容和程序）

35. √（依据法律责任/概述）

36. ×（依据出口食品安全管理主要制度/概述）

37. ×（依据进出口食品检验检疫监督管理制度/进出口食品生产经营企业诚信管理制度/法律依据）

38. ×（依据进出口食品检验检疫监督管理制度/进出口食品生产经营企业诚信管理制度/基本制度）

39. √（依据进出口食品检验检疫监督管理制度/进出口食品生产经营企业诚信管理制度/基本制度）

40. √（依据进出口食品检验检疫监督管理制度/进出口食品安全信息管理制度/基本制度）

41. ×（依据进出口食品检验检疫监督管理制度/进出口食品安全信息管理制度/基本制度）

42. √（依据法律责任/概述）

43. √（依据法律责任/行政相对人的法律责任/刑事责任）

44. √（依据法律责任/行政相对人的法律责任/行政责任）

45. √（依据《食品安全法》第六十四条）

名词解释

1. 答：食品指各种供人食用或者饮用的成品和原料以及按照传统既是食品又是药品的物品，但是不包括以治疗为目的的物品。

（依据进出口食品安全管理法律制度概述/食品）

2. 答：食品安全指食品无毒、无害，符合应当有的营养要求，对人体健康不造成任何急性、亚急性或者慢性危害。

（依据进出口食品安全管理法律制度概述/食品安全）

3. 答：指预先定量包装或者制作在包装材料和容器中的食品。

（依据进出口食品安全管理法律制度概述/进出口食品安全管理法律制度/进出口食品安全管理相关的法律概念和有关缩略词）

4. 答：指食物中毒、食源性疾病、食品污染等源于食品，对人体健康有危害或者可能有危害的事故。

（依据进出口食品安全管理法律制度概述/进出口食品安全管理法律制度/进出口食品安全管理相关的法律概念和有关缩略词）

5. 答：是指进口食品依法取得相关的审批并向出入境检验检疫机构申请检验检疫之后，由出入境检验检疫机构依照法律法规、食品安全国家标准和相关检验检疫要求实施的检验检疫的合格评定活动。

（依据进口食品安全管理主要制度/进口食品检验检疫合格评定制度）

6. 答：由国家制定的、并以国家强制力保证实施的、调整进出口食品安全管理活动的各种法律规范的总和。

（依据进出口食品安全管理法律制度概述/进出口食品安全管理法律制度/进出口食品安全管理法律制度基本涵义）

第五章　认证认可法律制度

一、单选题

1. (　　)开创了国家认证制度的先河。

A. 荷兰　　B. 英国

C. 美国　　D. 葡萄牙

2. 2003 年 9 月 3 日，国务院总理温家宝同志签署第 390 号国务院令，公布《中华人民共和国认证认可条例》*，该《条例》自(　　)日起施行。

A. 2003. 11. 1　　B. 2004. 1. 1

C. 2004. 7. 1　　D. 2003. 9. 3

3.《中华人民共和国认证认可条例》规定，国务院认证认可监督管理部门自受理认证机构设立申请之日起(　　)内，应当作出是否批准的决定。

A. 20 日　　B. 30 日

C. 45 日　　D. 90 日

4. 下列哪一个不是认证认可活动应当遵循的原则(　　)。

A. 客观独立　　B. 公开公正

C. 便民原则　　D. 诚实信用

5. 设立外商投资的认证机构，其外方投资者应当具有(　　)年以上从事认证活动的业务经历。

A. 1　　B. 2

C. 3　　D. 4

6. 列入目录的产品未经认证，擅自出厂、销售、进口或者在其他经营活动中使用的，责令改正，处(　　)的罚款，有违法所得的，没收违法所得。

A. 货值一倍以上三倍以下　　B. 5 万元以上 20 万元以下

C. 2 万元以上 20 万元以下　　D. 5 万元以上 50 万元以下

7. 目前，中国合格评定国家认可委员会的认可领域不包括：(　　)。

A. 认证机构认可　　B. 合格评定认可

C. 实验室认可　　D. 检查机构认可

8. 认可活动的特点不包括(　　)。

---

* 以下简称《认证认可条例》。

A. 权威性　　B. 真实性

C. 规范性　　D. 一致性

9. 认证认可监督管理制度不包括(　　)。

A. 报告制度　　B. 询问制度

C. 质询制度　　D. 举报制度

10. 列入目录的产品未经认证，擅自出厂、销售、进口或者在其他经营活动中使用的，法律责任中不包括(　　)。

A. 责令改正　　B. 处5万元以上20万元以下的罚款

C. 没收违法生产的产品　　D. 有违法所得的，没收违法所得

11. 根据《认证认可条例》的规定，国务院认证认可监督管理部门应当依法对(　　)的活动加强监督管理。

A. 认证机构、认可机构　　B. 认证机构、认证咨询机构

C. 认可机构、认证培训机构　　D. 认证培训机构、认证咨询机构

12.《中华人民共和国认证认可条例》规定，设立认证机构，其注册资本不得少于人民币(　　)万元。

A. 100　　B. 300

C. 1000　　D. 3000

13. 根据《认证认可条例》的规定，国务院认证认可监督管理部门可以根据认证认可监督管理的需要，就有关事项(　　)认可机构、认证机构、检查机构、实验室的主要负责人，调查了解情况，给予告诫，有关人员应当积极配合。

A. 质问　　B. 问询

C. 询问　　D. 质询

14. 国务院认证认可监督管理部门确定的认可机构是中国合格评定国家认可委员会，其英文简称是(　　)。

A. CMA　　B. CNAS

C. CAL　　D. ISO

15. 在强制性产品认证标志的种类中，代表“消防认证”的字母是(　　)。

A. S　　B. I

C. F　　D. S&E

二、多选题

1. 认证认可活动应当遵循的原则有(　　)。

A. 高效　　B. 公开公正

C. 诚实信用　　D. 便民原则

2. 以下哪（些）类的产品应当列入强制性产品认证范围(　　)。

A. 涉及国家安全、为了防止欺诈行为的产品

B. 涉及人体健康或者安全的产品

C. 涉及保护动植物生命或者健康的产品

D. 涉及公共利益及经济宏观调控的产品

3.《认证认可条例》规定，认证机构应当公开的认证信息包括(　　)。

A. 认证产品目录　　B. 认证基本规范

C. 收费标准　　D. 认证规则

4. 国务院认证认可监督管理部门指定从事列入目录产品认证活动的认证机构应遵循的原则有(　　)。

A. 资源合理利用　　B. 公平竞争

C. 便利　　D. 有效

5.《认证认可条例》的立法目的包括(　　)。

A. 规范认证认可活动　　B. 提高产品的质量和管理水平

C. 提高服务的质量和管理水平　　D. 促进经济和社会发展

6. 目前，中国合格评定国家认可委员会的认可领域包括(　　)。

A. 认证机构认可　　B. 培训机构认可

C. 实验室认可　　D. 检查机构认可

7. 我国管理体系认证包括(　　)。

A. 质量管理体系认证　　B. 环境管理体系认证

C. 职业健康安全管理体系认证　　D. 危害分析和关键控制点认证

8. 认证的依据包括(　　)。

A. 相关技术规范

B. 认证机构制定的认证规则

C. 相关技术规范的强制性要求或者标准

D. 国家认监委制定的认证规则

9. 认证机构的类别包括(　　)。

A. 管理体系认证机构　　B. 产品认证机构

C. 特种职业人员认证（注册）机构　　D. 服务认证机构

10. 从事认证活动的检查机构、实验室的行为规范包括(　　)。

A. 应当具备有关法律、行政法规规定的基本条件和能力，并依法经认定后方可从事相应活动，认定结果由国务院认证认可监督管理部门公布。

B. 应当完成认证基本规范、认证规则规定的程序，确保检查、检测活动的完整、客观、真实，不得增加、减少、遗漏程序。

C. 不得与行政机关存在利益关系。

D. 应当对检查、检测过程作出完整记录，归档留存。

11. 认证认可的监督管理制度包括(　　)。

A. 报告制度　　B. 询问制度

C. 自律制度　　D. 举报制度

12. 认证认可违法行为的法律责任包括(　　)。

A. 刑事法律责任　　B. 侵权损害赔偿责任

C. 民事法律责任　　D. 行政法律责任

13. 认可活动的特点包括(　　)。

A. 权威性　　B. 真实性

C. 规范性　　D. 一致性

14. 认可机构的基本要求包括(　　)。

A. 在我国认可机构必须经国家认证认可监督管理委员会确定，除国务院认证认可监督管理部门确定的认可机构外，其他任何单位不得直接或者变相从事认可活动。

B. 认可机构按照认可准则与认可程序开展认可活动，并独立作出认可决定。在特殊情况下，认可机构也可委托他人完成与认可有关的具体评审业务。

C. 认可机构不得接受任何可能对认可活动的客观公正产生影响的资助。认可机构的经费主要来源于认可及相关活动的收费。

D. 境内的认证机构、检查机构、实验室取得境外认可机构认可的，应当向国务院认证认可监督管理部门备案。

15. 我国强制性产品认证的种类包括(　　)。

A. 安全认证　　B. 电磁兼容认证

C. 安全和电磁兼容认证　　D. 信息安全认证

三、判断题

1. 我国的认证认可工作始于20世纪80年代。(　　)

2.《认证认可条例》自2003年11月1日起施行，即从2003年11月1日起具有法律效力，对公众具有普遍约束力，条例按照有利于行政相对人的原则溯及既往。(　　)

3. 认证标志的种类可分为自愿性认证标志和强制性认证标志。(　　)

4. 为履行我国加入世界贸易组织的承诺，规定允许在我国境内设立外商投资的认证机构和境外认证机构的代表机构。(　　)

5. 认证基本规范、认证规则由国家质检总局会同国务院认证认可监督管理部门制定。(　　)

6. 我国强制性产品认证标志由国务院认证认可监督管理部门统一规定并对外发布，称为“中国强制认证”，也可简称“CCC”标志，由基本图案和认证种类英文字样组成。目前，带有认证种类英文字样的“CCC”标志有5种。(　　)

7. 认可证书是获得认可的机构使用认可标志的授权文件。认可证书的格式和认

可标志的式样经国务院认证认可监督管理部门备案即可使用。(　　)

8. 在我国强制性产品认证标志中，字母“S”代表的是“安全认证”。(　　)

9. 认证机构自行制定的认证标志应当自发布之日起 90 日内，报国务院认证认可监督管理部门备案，备案时应当提交认证标志的式样（包括使用的符号）、文字、名称应用范围、识别方法、使用方法等其他情况的书面材料。(　　)

10. 在我国，产品认证包括强制性产品认证和自愿性产品认证。(　　)

四、名词解释

1. 认证
2. 认可
3. 认证机构
4. 强制性产品认证

五、简答题

1.《认证认可条例》确定的基本制度包括哪些？并简要分析。（答 4 个以上即可）

2.《认证认可条例》确立的基本原则是什么？并简要分析。

六、案例分析题

1. 根据举报，执法部门以北京市某认证中心涉嫌以办事机构的名义或事实从事签订认证合同、组织现场审核、出具审核报告、实施认证决定、收取认证费用及从事认证培训和认证咨询活动为由，立案调查。经查证发现，张某于 2011 年 6 月被聘任为北京某认证中心广东办事处主任，孙某于 2012 年 9 月任北京某认证中心广州分中心主任，上述二人均系北京某认证中心注册审核员。2011 年 8 月 20 日，北京某认证中心广东办事处撤销，同时终止办事处主任职务。2011 年 9 月至 2013 年 5 月，北京某认证中心在广东开展认证业务 37 宗，均先后由张某、孙某操办，且二人以注册审核员的资格参与了东莞某公司等多宗认证审核等活动，并以北京某认证中心签订合同和收取费用，但在部分业务中先后使用了广东办事处、广州分中心的印章。

问：能否认定属于以办事机构从事签订认证合同、组织现场审核、出具审核报告、实施认证决定、收取认证费用及从事认证培训和认证咨询活动的情况？

2. 20013 年 7 月 23 日，某市局执法人员接到举报后对该市都 × 电子制造有限公司进行检查，发现该公司生产车间正在组装与计算机联用的显示器。该公司负责人赵 × × 未能提供生产显示器的“CCC”强制性认证证书，执法人员当即扣押涉嫌无“CCC”强制性认证证书生产的显示器成品 70 台，用于组装的显示管 20 个，并对成品进行抽样检验，后经检验不符合国家强制性标准要求，被判为不合格产品。

经调查，都 × 电子制造有限公司负责人赵 × × 承认在明知未取得“CCC”强制性认证证书的情况下组装与计算机联用的显示器的事实，已组装成品80台（其中已售出10台、未售出70台），货值金额共计32000元。销售收入4000元。

问：请提出本案应当如何定性处罚，并简要分析。

七、参考答案

单选题

1. B（依据认证认可法律制度/认证认可法律制度概述/认证认可法律制度的发展历史）
2. A（依据《认证认可条例》第七十八条）
3. D（依据《认证认可条例》第十二条）
4. C（依据《认证认可条例》第六条）
5. C（依据《认证认可条例》第十一条）
6. B（依据《认证认可条例》第六十七条）
7. B（依据认证认可法律制度/认可制度/认可领域）
8. B（依据认证认可法律制度/认可制度/认可活动）
9. C（依据认证认可法律制度/认证认可监督管理/监督管理制度）
10. C（依据《认证认可条例》第六十七条）
11. D（依据《认证认可条例》第五条）
12. B（依据《认证认可条例》第十条）
13. C（依据《认证认可条例》第五十四条）
14. B（依据认证认可法律制度/认可制度/认可机构）
15. C（依据认证认可法律制度/我国强制性产品认证制度/强制性产品认证标志）

多选题

1. BC（依据《认证认可条例》第六条）
2. ABC（依据《认证认可条例》第二十八条）
3. BCD（依据《认证认可条例》第二十一条）
4. ABCD（依据《认证认可条例》第三十二条）
5. ABCD（依据《认证认可条例》第一条）
6. ACD（依据认证认可法律制度/认可制度/认可领域）
7. ABCD（依据认证认可法律制度/认证制度/认证类别）
8. AC（依据认证认可法律制度/认证认可法律制度概述/认证和认可的概念）
9. ABCD（依据认证认可法律制度/认证制度/认证机构）
10. ABD（依据认证认可法律制度/认证制度/认证从业机构的行为规范）
11. ABCD（依据认证认可法律制度/认证认可监督管理/监督管理制度）
12. ABCD（依据认证认可法律制度/法律责任/认证认可法律责任概述）

13. ACD（依据认证认可法律制度/认可制度/认可活动）

14. ABCD（依据认证认可法律制度/认可制度/认可活动）

15. ABCD（依据认证认可法律制度/我国强制性产品认证制度/强制性产品认证标志）

判断题

1. ×（依据认证认可法律制度/认证认可法律制度概述/认证认可法律制度的发展历史）

2. ×（依据认证认可法律制度/认证认可法律制度概述/认证认可法律制度的发展历史）（法不溯及既往）

3. √（依据认证认可法律制度/认证制度/认证证书和认证标志）

4. √（依据认证认可法律制度/认证制度/认证机构）

5. ×（依据认证认可法律制度/认证制度/认证基本规范和认证规则）

6. √（依据认证认可法律制度/我国强制性产品认证制度/强制性产品认证标志）

7. ×（依据认证认可法律制度/认可制度/认可活动）

8. √（依据认证认可法律制度/我国强制性产品认证制度/强制性产品认证标志）

9. ×（依据认证认可法律制度/认证制度/认证证书和认证标志）

10. √（依据认证认可法律制度/认证制度/认证类别）

名词解释

1. 答：认证是指由认证机构证明产品、服务、管理体系符合相关技术规范的强制性要求或者标准的合格评定活动。

（依据认证认可法律制度/认证认可法律制度概述/认证和认可的概念）

2. 答：认可是指由认可机构对认证机构、检查机构、实验室以及从事审核、评审等认证活动人员的能力和执业资格，予以承认的合格评定活动。

（依据认证认可法律制度/认证认可法律制度概述/认证和认可的概念）

3. 答：是指对产品、服务、管理体系按照技术法规和标准进行合格评定活动的机构。

（依据认证认可法律制度/认证制度/认证机构）

4. 答：是指国家为保护公众的人身、财产安全、保护环境等，通过立法或颁布强制性指令等方式要求涉及人类和动植物生命、国家安全、环境影响的产品必须经过特定的认证并标注规定认证标志的产品评价制度，又称法规性认证。

（依据认证认可法律制度/认证制度/认证类别）

简答题

1. 答：（1）国家实行统一的认证认可监督管理制度。国家对认证认可工作实行在国务院认证认可监督管理部门统一管理、监督和综合协调下，各有关方面共同实施的工作机制。

（2）国家实行统一的认可制度。国务院认证认可监督管理部门确定的认可机构，独立开展认可活动。除国务院认证认可监督管理部门确定的认可机构外，其他任何单位不得直接或者变相从事认可活动。其他单位直接或者变相从事认可活动的，其认可结果无效。

（3）对认证机构的设立实行许可制度。设立认证机构，应当经国务院认证认可监督管理部门批准，并依法取得法人资格后，方可从事批准范围内的认证活动。未经批准，任何单位和个人不得从事认证活动。

（4）对实验室、检查机构能力的认定制度。向社会出具具有证明作用的数据和结果的检查机构、实验室，应当具备有关法律、行政法规规定的基本条件和能力，并依法经认定后，方可从事相应活动，认定结果由国务院认证认可监督管理部门公布。

（5）实行自愿性认证和一定范围内产品必须经过认证（强制性产品认证）相结合的制度。任何法人、组织和个人可以自愿委托依法设立的认证机构进行产品、服务、管理体系认证。同时，为了保护国家安全、防止欺诈行为、保护人体健康或者安全、保护动植物生命或者健康、保护环境，国家规定相关产品必须经过认证的，应当经过认证并标注认证标志后，方可出厂、销售、进口或者在其他经营活动中使用。这项规定为正在实施的强制性产品认证制度（3C 认证制度）提供了更坚实的法律依据。

（6）允许外资进入并加强监督管理的制度。为履行我国加入世界贸易组织承诺，规定允许在我国境内设立外商投资的认证机构和境外认证机构的代表机构。同时为能够保证外方投资者所具有的认证能力，还规定了设立外商投资的认证机构所应具备的基本条件等问题。

（7）对认证培训机构、认证咨询机构加强监督管理。国务院认证认可监督管理部门应当依法对认证培训机构、认证咨询机构的活动加强监督管理。并规定认证培训机构和认证咨询机构的管理办法由国务院认证认可监督管理部门制定。

（依据认证认可法律制度/我国认证认可法律制度/《认证认可条例》概述）

2. 答：认证认可活动应当遵循客观独立、公开公正、诚实信用三项原则。在认证认可工作和活动中，这三项原则是一个有机的统一体，客观独立是实现公正公开的前提，公正公开是实现诚实信用的保障，诚实信用则是客观独立、公正公开所要达到的目的。

（1）客观独立原则：是指认证机构、认可机构及其审核员、评审员在开展认证认可活动的过程中，不带个人偏见，不受任何可能会影响认证或认可结果的商业、财政和其他压力。国际认证认可导则和标准，特别强调认证认可活动不能受任何方面的影响，也就是要做到客观独立。

认证机构不得与行政机关存在利益关系。认证机构不得接受任何可能对认证活动的客观公正产生影响的资助；不得从事任何可能对认证活动的客观公正产生影响的产品开发、营销等活动。认证机构不得与认证委托人存在资产、管理方面的利益关系。此外，认可机构不得接受任何可能对认可活动的客观公正产生影响的资助。

（2）公开公正原则：是指认证认可基本规范、规则应当透明，认证认可活动应当以使人们信任、合乎道德规范和没有歧视的方式进行。国际认证认可导则和标准要求认证认可评价必须严格按照规则和标准进行，认证认可工作和活动的程序、规则、标准等应当公开。

认证机构应当公开认证基本规范、认证规则、收费标准等信息；认可机构应当公开认可条件、认可程序、收费标准等信息，认可机构受理认可申请，不得向申请人提出与认可活动无关的要求或者限制条件。

(3) 诚实信用原则：是指参与认证认可活动的各方都应当以诚相待，以诚为本，重信誉，讲信用。对认证认可的过程和结果要求真实可信，不能有虚假和欺诈。诚实信用原则是一个核心原则，是认证认可工作和活动必须严格遵守的原则。

对于违反诚实信用原则的认证认可活动有关各方追究法律责任。具体规定包括：认证机构出具虚假的认证结论，或者出具的认证结论严重失实的，撤销批准文件，并予公布；对直接负责的主管人员和负有直接责任的认证人员，撤销其执业资格；构成犯罪的，依法追究刑事责任；造成损害的，认证机构应当承担相应的赔偿责任。指定的认证机构有前款规定的违法行为的，同时撤销指定。

(依据认证认可法律制度/我国认证认可法律制度/《认证认可条例》概述)

案例分析题

1. 答：(此题争议颇大，未有统一的答案，两种意见都有道理，但均无法说服对方)

法律依据：《认证机构管理办法》(总局 141 号令) 第三十三条："认证机构设立的办事机构和境外认证机构在中国境内设立的代表机构及人员，不得从事签订认证合同、组织现场审核（检查）、出具审核（检查）报告、实施认证决定、收取认证费用等活动，不得直接或者变相从事认证培训和认证咨询活动。"

意见一：没有充分证据证明其属于以办事机构从事签订认证合同、组织现场审核、出具审核报告、实施认证决定、收取认证费用及从事认证培训和认证咨询活动的情况。理由如下：

(1) 2011 年 8 月 20 日，北京某认证中心广东办事处已经撤销，并同时终止张某办事处主任职务，因此不存在 2011 年 9 月至 2013 年 5 月期间以广东办事处名义从事违法认证的行为。

(2) 在 37 宗认证活动中，均以北京某认证中心签订合同和收取费用，并未以办事机构名义实施，部分业务中虽使用办事机构印章，不影响整个行为的定性。

(3) 行政机关对违法行为进行认定时，对于证据不确凿、法律依据不充分或存在分歧的情形，不应追究法律责任。

意见二：应当认定属于以办事机构从事违法认证活动的情况。理由如下：

(1) 在部分业务中张某、孙某先后使用了广东办事处、广州分中心的印章，虽然广东办事处已经终止，但张某仍使用该印章，其性质更恶劣，有欺诈的嫌疑，应当查处。

（2）孙某在部分业务中使用了北京某认证中心广州分中心的印章，以办事机构名义违法实施认证，事实清楚，证据确凿。

（3）在签订合同和收取费用时虽以北京某认证中心名义实施，但在部分业务中先后使用了广东办事处、广州分中心的印章，因此不影响定性处罚，认定其以办事机构的名义违法实施认证行为，事实清楚。

（4）目前认证市场秩序混乱，张某、孙某的行为在一定程度上影响了正常的认证秩序，应当予以规范。

2. 答：（依据《产品质量法》第四十九条、《认证认可条例》第六十七条，我们以为应当采用第四种意见，且认为相比较《认证认可条例》第六十七条，《产品质量法》第四十九条更重，因为要没收产品。在依据《产品质量法》第四十九条规定处罚时，应当指出当事人违反了《认证认可条例》第二十八条规定。）

（1）应认定都×电子制造有限公司生产销售不符合国家强制性标准的产品，违反了《产品质量法》第二十六条规定，依据《产品质量法》第四十九条处罚。

（2）应认定都×电子制造有限公司生产销售不符合国家强制性标准的产品，且未获“CCC”强制性认证生产显示器，分别违反了《产品质量法》第二十六条和《认证认可条例》第二十八条规定，依据《产品质量法》第四十九条和《认证认可条例》第六十七条规定分别处罚，合并执行。

（3）应认定都×电子制造有限公司生产销售不符合国家强制性标准的产品，且未获“CCC”强制性认证生产显示器，违反了《产品质量法》第二十六条和《认证认可条例》第二十八条规定，但应当按照“重罚吸收”的原则，依据《产品质量法》第四十九条或依据《认证认可条例》第六十七条中处罚较重的一个进行处罚。

（4）应认定都×电子制造有限公司生产销售不符合国家强制性标准的产品，且未获“CCC”强制性认证生产显示器，违反了《产品质量法》第二十六条和《认证认可条例》第二十八条规定，但应当按照“重罚吸收”的原则，依据《产品质量法》第四十九条或依据《认证认可条例》第六十七条中处罚较重的一个进行处罚，但应当将另一个行为作为自由裁量的情节考虑。

（5）应认定都×电子制造有限公司未获“CCC”强制性认证生产显示器的行为违反了《认证认可条例》第二十八条规定，依据《认证认可条例》第六十七条规定处罚。

第六章　原产地法律制度

一、单选题

1. 原产地规则的核心部分是(　　)。

A. 原产地标准　　B. 适用范围

C. 程序规则　　D. 罚则及争端解决

2. 申请普惠制产地证，申请单位应在货物出运前(　　)天，逐批向出入境检验检疫机构申请签证。

A. 3　　B. 7

C. 5　　D. 10

3. 下列给惠国中不要求出口受惠国的出口货物符合直运规则的是(　　)。

A. 澳大利亚　　B. 日本

C. 美国　　D. 新西兰

4. 当给惠国主管当局对证书中某项内容的正确性有怀疑时，要求进行的复查称为(　　)。

A. 例行查询　　B. 专题查询

C. 签证调查　　D. 异地调查

5. 提供虚假材料骗取出口货物原产地证书或者伪造、变造、买卖或者盗窃出口货物原产地证书的，由出入境检验检疫机构、海关处(　　)的罚款。

A. 货值金额等值以下　　B. 或者金额 5% 以上 20% 以下

C. 5000 元以上 10 万元以下　　D. 3 万元以下

6. 申请签证的货物属于异地货物的，申请人应当提交(　　)签证机构出具的《异地货物原产地调查结果单》。

A. 货源地　　B. 企业注册所在地

C. 原料产地　　D. 启运地

7. 签证机构在收到进口国对我国出具的原产地证书退证查询时，原签发机构需在收到查询信函(　　)个月内答复进口国。

A. 1　　B. 3

C. 6　　D. 12

8. 下列不是《亚太贸易协定》成员国的是(　　)。

A. 日本　　B. 韩国

C. 孟加拉　　D. 印度

9. 下列不是《中国－东盟自贸区》成员国的是(　　)。

A. 文莱　　B. 新加坡

C. 老挝　　D. 东帝汶

10. 下列有关《中国－新西兰自由贸易协定》的说法错误的是(　　)。

A. 是我国与发达国家签署的第一个自由贸易协定

B. 协定于 2008 年 10 月 1 日起生效

C. 自《协定》生效时起，双方立即取消绝大部分税率不高于 5% 的产品关税

D. 对于中国绝大部分税率高于 20% 的产品，其关税逐步降低，至 2014 年 1 月 1 日实现零关税。

11. 根据《中华人民共和国政府和新加坡共和国政府自由贸易协定》，新加坡将从(　　)起取消所有自中国进口产品的关税。

A. 2008 年 1 月 1 日　　B. 2009 年 1 月 1 日

C. 2009 年 5 月 1 日　　D. 2010 年 1 月 1 日

12. “金伯利进程国际证书制度”于(　　)起正式实施。

A. 2002 年 1 月 1 日　　B. 2003 年 1 月 1 日

C. 2004 年 1 月 1 日　　D. 2005 年 1 月 1 日

二、多选题

1. 原产地规则是指一个国家或地区为确定货物原产地而实施的普遍适用的法律、法规及行政决定，主要包括(　　)。

A. 制订原则　　B. 适用范围

C. 原产地标准　　D. 程序规则

E. 管理机构　　F. 罚则及争端解决

2. 以下哪些是原产地证的作用(　　)。

A. 确定税率待遇的依据

B. 进行贸易统计的依据

C. 实施进口数量控制、反倾销、反补贴等外贸措施的依据

D. 控制从特定国家进口货物，确定准予放行与否的依据

E. 证明商品内在品质或结汇的依据

3. 以下哪些属于原产地调查(　　)。

A. 备案调查　　B. 签证过程中的调查

C. 异地调查　　D. 退证查询

4. 普惠制是发达国家给予发展中国家出口制成品和半制成品（包括某些初级产品）一种(　　)关税优惠制度。

A. 普遍的　　B. 非歧视的

C. 互惠的　　　　　　　　　　　　D. 非互惠的

5. 普惠制要求受惠国的原产品须从该受惠国直接运至进口给惠国。当由于地理的原因或运输的需要，货物需要经过产品原产国以外的第三国（地区）的领土时，需要满足以下哪些条件(　　)。

A. 货物一直处于过境地海关的监督之下

B. 未投入当地市场销售或交付当地使用

C. 未进行任何装卸和加工

D. 除装卸和为使货物保持良好状态而作的必要处理外，未经任何再加工

6. 下列属于《亚太贸易协定》成员国的是(　　)。

A. 印度　　　　　　　　　　　　B. 韩国

C. 孟加拉　　　　　　　　　　　D. 印度

7. 下列属于《中国－东盟自贸区》成员国的是(　　)。

A. 文莱　　　　　　　　　　　　B. 新加坡

C. 老挝　　　　　　　　　　　　D. 泰国

8. 下列有关“金伯利进程”国际证书的说法正确的是(　　)。

A. 每份证书应带有“金伯利进程证书”的抬头、金伯利进程标识

B. 证书所涉及的毛坯钻石应是非混合原产国

C. 使用英文签发

D. 防伪和防损设计

9. 下列国家中，属于北美自由贸易区成员的是(　　)。

A. 美国　　　　　　　　　　　　B. 加拿大

C. 墨西哥　　　　　　　　　　　D. 哥斯达黎加

10. 下列说法正确的是(　　)。

A. 完全在一个国家(地区)获得的货物，以该国(地区)为原产地

B. 两个以上国家(地区)参与生产的货物，以最后完成实质性改变的国家(地区)为原产地

C. 在确定货物是否在一个国家(地区)完全获得时，不考虑为运输、贮存期间保存货物而作的加工或者处理

D. 货物生产过程中使用的未构成货物物质成分或者组成部件的材料的原产地，不影响该货物原产地的确定

三、判断题

1. 原产地规则的核心部分是原产地标准。(　　)

2. 原产地规则作为判定货物原产地的依据，最早是出于贸易保护的需要。(　　)

3. 欧盟纺织品原产地规则属于非优惠性原产地规则。(　　)

4. 原产地证书是进口国实施进口数量控制、反倾销、反补贴等外贸措施的依据。(　　)
5. 原产地证不能证明商品内在品质。(　　)
6. 未再加工证明是用于证明出口货物在途经第三个国家或地区中转时，未在中转地进行任何形式的加工或制作，符合给惠国直接运输规则的证明文件。(　　)
7. 申请普惠制产地证，申请单位应在货物出运前7天，逐批向出入境检验检疫机构申请签证。(　　)
8. 普惠制是发达国家给予发展中国家出口制成品和半制成品（包括某些初级产品）普遍的、非歧视的、非互惠的一种关税优惠制度。(　　)
9. 出入境检验检疫机构在签发普惠制产地证时只能签发一份正本。(　　)
10. 一般原产地证是证明进口货物的研发、生产和制造地的证明文件。(　　)
11. 两个以上国家（地区）参与生产的货物，以最后完成实质性改变的国家（地区）为原产地。(　　)
12. 申请签证的货物属于异地货物的，申请人应当提交原料生产地签证机构出具的《异地货物原产地调查结果单》。(　　)
13. 在确定货物是否在一个国家（地区）完全获得时，应当考虑为货物便于装卸而作的加工或者处理。(　　)
14. 区域性关税优惠制度是世界贸易组织最惠国待遇原则四种主要例外情形之一。(　　)

四、名词解释

1. 货物的原产地
2. 一般原产地证
3. 区域性关税优惠制度

五、简答题

1. 原产地规则在对外贸易法律体系中的法律地位表现在哪三个方面。

2. 原产地证按其种类可分为哪几种。

3. 特殊情况下，申请人在货物出运后申请补发一般原产地证书的，还应当提交哪些特殊资料。

六、参考答案

单选题

1. A（依据原产地与原产地规则/原产地规则）
2. C（依据普惠制原产地证书的签发/普惠制产地证的申请与签发）

3. A（依据普惠制原产地规则/直接运输规定）
4. B（依据普惠制原产地制度/退证查询的含义和种类）
5. C（依据《进出口货物原产地条例》第二十三条）
6. A（依据一般原产地证书的签发/原产地证书的申请）
7. C（依据一般原产地制度/一般原产地证的调查/进口国查询调查）
8. A（依据区域性优惠原产地制度/亚太贸易协定）
9. D（依据区域性优惠原产地制度/中国东盟自贸区）
10. D（依据区域性优惠原产地制度/中国－新西兰自由贸易区）
11. B（依据区域性优惠原产地制度/中国－新加坡自由贸易区）
12. B（依据“金伯利进程”国际证书制度/概述）

多选题

1. ABCDEF（依据原产地规则/概念）
2. ABCDE（依据原产地证/原产地证的作用）
3. ABCD（依据普惠制原产地制度/普惠制原产地调查）
4. ABD（依据普惠制原产地制度/普惠制及其作用）
5. ABD（依据普惠制原产地制度/普惠制原产地规则/直接运输规定）
6. ABCD（依据区域性优惠原产地制度/亚太贸易协定）
7. ABCD（依据区域性优惠原产地制度/中国东盟自贸区）
8. ABD（依据“金伯利进程”国际证书的要求）
9. ABC（依据区域性优惠原产地制度/概述）
10. ABCD（依据一般原产地制度/一般原产地证）

判断题

1. √（依据原产地规则/概念）
2. ×（依据原产地规则/原产地规则的产生）
3. √（依据原产地规则/原产地规则的类别）
4. √（依据原产地证/原产地证的作用）
5. ×（依据原产地证/原产地证的作用）
6. √（依据原产地证/与原产地证有关的其他证书）
7. ×（依据普惠制原产地证书的签发/普惠制产地证的申请与签发）
8. √（依据普惠制及其作用）
9. √（依据普惠制原产地证书的签发/普惠制产地证的申请与签发）
10. ×（依据一般原产地制度/概述）
11. √（依据一般原产地标准/其他标准）
12. ×（依据一般原产地证书的签发/原产地证书的申请）
13. ×（依据一般原产地标准/其他标准）
14. √（依据区域性优惠原产地制度/概述）

名词解释

1. 答：货物的原产地是指货物的来源、生产或制造地，是货物进入国际贸易流通领域的“经济国籍”或“护照”。

（依据原产地与原产地规则/原产地）

2. 答：一般原产地证是证明进口货物的生产和制造地的证明文件，是进口国对进口货物制定所适用的关税待遇和进行贸易统计的主要凭证。

（依据一般原产地管理概述/一般原产地证）

3. 答：区域性关税优惠制度是指由关税同盟和自由贸易区等形式出现的区域经济安排，在这些区域内部实行的是一种比最惠国还要优惠的“优惠制”。

（依据区域性优惠原产地制度/概述）

简答题

1. 答：第一，原产地规则是各国进行贸易统计、决定对外贸易政策的法律基础。各国政府根据本国原产地规则确定货物的原产地，并据此进行贸易的国别统计。贸易统计对各国政府研究本国对外经济活动，指导国家的经济政策和外交活动，制定和调整对外贸易政策具有重要的作用。

第二，原产地规则是各国在国际贸易中实施差别待遇的法律前提。世界各国针对不同的国家或地区实施不同的关税与非关税措施，并根据原产地规则给予来自不同国家或地区的货物相应的待遇，防止某些国家的产品以转口贸易或简单加工的方式“免费搭车”。

第三，原产地规则在各个国家或地区保护其经济利益方面起着重要的法律作用。许多国家为保护本国某行业免受“严重损害”，采取反倾销、反补贴或特殊保障措施，或者为保护本国消费者利益，要求在进口货物上加贴原产地标记，都运用本国原产地规则为法律依据。

（依据原产地与原产地规则/原产地规则的法律地位）

2. 答：可分为普惠制原产地证、一般原产地证、区域性经济集团互惠原产地证书和专用原产地证书。

（依据原产地与原产地规则/原产地证/原产地证的种类）

3. 答：补发原产地证书申请书；申请补发证书原因的书面说明；货物的提单等货运单据；签证机构要求提供的其他证明文件。

（依据一般原产地制度/原产地证书的申请）

第二篇

出入境检验检疫行政执法法律制度

第一章　出入境检验检疫行政执法概述

一、多选题

1. 出入境检验检疫行政执法的方式包括(　　)。

A. 行政确认　　B. 行政强制

C. 行政检查　　D. 行政许可

E. 行政处罚

2. 出入境检验检疫行政执法的依据包括(　　)。

A. 法律、行政法规　　B. 输入国家或地区的检验检疫要求

C. 有关国际条约　　D. 对外贸易合同的约定

二、名词解释

1. 行政检查
2. 行政强制措施
3. 行政强制执行
4. 行政确认

三、简答题

1. 出入境检验检疫行政执法的内容主要有哪些?

四、参考答案

多选题

1. ABCDE（依据出入境检验检疫行政执法的方式）

2. ABCD（依据出入境检验检疫行政执法概念及特点/执法依据）

名词解释

1. 答：行政检查是指行政机关为了实现行政管理的目标和任务，依法对行政相对人遵守行政法律规范和履行行政机关的决定、命令的情况予以察看、监督的行政执法行为。

(依据出入境检验检疫行政执法的方式)

2. 答：行政强制措施是指行政机关在行政管理过程中，为制止违法行为、防止证据损毁、避免危害发生、控制危险扩大等情形，依法对公民的人身自由实施暂时性

限制，或者对公民、法人或者其他组织的财物实施暂时性控制的行为。

（依据出入境检验检疫行政执法的方式）

3. 答：行政强制执行是指行政机关或者行政机关申请人民法院，对不履行行政决定的公民、法人或者其他组织，依法强制履行义务的行为。

（依据出入境检验检疫行政执法的方式）

4. 答：行政确认是指行政主体依法对行政相对人的法律地位、法律关系和特定的法律事实予以确定、认可和证明的行为。

（依据出入境检验检疫行政执法的方式）

简答题

1. 答：进出口商品检验；进出境动植物检疫；国境卫生检疫；进出口食品卫生监督；认证认可管理。

（依据出入境检验检疫行政执法概念及特点/执法内容）

第二章　出入境检验检疫行政许可制度

一、单选题

1. 决定下放管理层级的行政许可事项，应当以(　　)形式向社会公布。

A. 规章　　B. 公告

C. 文件通知　　D. 网站

2. 法律、行政法规和国务院发布的决定规定由国家质检总局实施的行政许可事项，国家质检总局可以根据实际需要，将行政许可的受理、审查（核查）、决定等权限(　　)委托出入境检验检疫机构实施。

A. 全部　　B. 部分

C. 全部或者部分

3. 需要延续委托期限的，委托机关应当在行政许可委托书有效期届满(　　)日前与受委托机关重新签订委托书。

A. 3　　B. 7

C. 15　　D. 30

4. 申请材料不齐全或者不符合法定形式的，应当当场或者自收到申请材料之日起(　　)日内一次性告知申请人需要补正的全部内容。

A. 3　　B. 5

C. 7　　D. 10

5. 申请人提交的申请材料齐全、符合法定形式，能够当场作出行政许可决定的，应当(　　)作出行政许可决定。

A. 5 日内　　B. 7 日内

C. 5 个工作日内　　D. 当场

6. 委托实施行政许可的，受委托机关出具不予行政许可决定的书面凭证，应当加盖(　　)印章。

A. 委托机关　　B. 受委托机关

C. 委托机关和受委托机关　　D. 许可机关

7. 下列关于检验检疫行政许可的期限，说法错误的是(　　)。

A. 一般应当自受理行政许可申请之日起二十日内作出行政许可决定

B. 采取统一办理或者联合办理、集中办理的，办理的时间不得超过四十五日

C. 依法应当先经下级出入境检验检疫机构审查后报上级出入境检验检疫机构决

定的行政许可，下级出入境检验检疫机构应当自其受理行政许可申请之日起二十日内审查完毕

D. 出入境检验检疫机构依法作出准予行政许可的决定，需要颁发行政许可证件的，应当自作出决定之日起七日内向申请人颁发、送达行政许可证件

8. 需要按照技术标准、技术规范，通过检验、检测、检疫等方式进行审定的行政许可，出入境检验检疫机构应当自受理申请之日起(　　)日内指派两名以上工作人员按照技术标准、技术规范进行检验、检测、检疫。

A. 3　　B. 5

C. 7　　D. 10

9. 申请人撤回行政许可申请，自收到质检部门终止办理行政许可书面凭证之日起(　　)内，不得再次提出该行政许可申请。

A. 三个月　　B. 六个月

C. 一年　　D. 两年

10. 被许可人申请延续行政许可有效期的，应当在该行政许可有效期届满(　　)日前向准予行政许可的出入境检验检疫机构提出。

A. 10　　B. 15

C. 20　　D. 30

11. 因不可抗力导致行政许可事项无法实施的，准予行政许可的出入境检验检疫机构应当依法办理有关行政许可的(　　)手续。

A. 注销　　B. 失效

C. 撤回　　D. 撤销

12. 承担检验、检测、检疫或者鉴定、专家评审任务的专业技术组织及其工作人员未按照法律、法规、规章以及标准、技术规范的规定开展工作的，由质检部门责令改正；情节严重的，处以(　　)罚款。

A. 一万元以下　　B. 一万元以上三万元以下

C. 三万元　　D. 三万元以下

13. 被许可人不能持续保持应当具备的条件和要求继续从事行政许可事项活动，或者不配合、拒绝质检部门依法进行监督检查的，责令改正；拒不改正或者逾期未改正的，处以(　　)罚款。

A. 一万元以下　　B. 一万元以上三万元以下

C. 三万元　　D. 三万元以下

二、多选题

1. 行政许可委托应当明确以下内容(　　)。

A. 行政许可委托的具体事项

B. 委托行政机关的名称

C. 受委托行政机关的名称
D. 委托行政机关与受委托行政机关的权利和义务
E. 行政许可委托的时限

2. 法律、行政法规和国务院发布的决定规定由国家质检总局实施的行政许可事项，国家质检总局可以根据实际需要，将行政许可的(　　)等权限全部或者部分委托出入境检验检疫机构实施。

A. 受理　　B. 审查
C. 核查　　D. 决定

3. 下列说法正确的是(　　)。

A. 申请人通过信函、电报、电传、传真、电子数据交换和电子邮件的方式提出行政许可申请，应当提交质检部门公示的符合法定形式的申请材料
B. 申请人通过信函、电报、电传、传真、电子数据交换和电子邮件的方式提出申请的，质检部门的收讫时间为提出申请的时间。依法需要核对申请材料原件的，质检部门收到申请材料原件的时间为提出申请的时间
C. 申请人通过信函、电报、电传、传真、电子数据交换和电子邮件的方式提出申请的，核查人员在现场核查时，应当核对申请材料原件并注明核对情况。申请人不能提交申请材料原件的，质检部门应当责令其限期提交
D. 申请人通过信函、电报、电传、传真、电子数据交换和电子邮件的方式提出行政许可申请，质检部门应当按照前款规定，以适当方式告知申请人行政许可申请的处理情况

4. 下列说法正确的是(　　)。

A. 申请事项依法不需要取得行政许可的，应当即时告知申请人不受理
B. 申请事项依法不属于本行政机关职权范围的，应当即时作出不予受理的决定，并告知申请人向有关行政机关申请
C. 申请材料存在可以当场更正的错误的，应当允许申请人当场更正
D. 申请事项属于本行政机关职权范围，申请材料齐全、符合法定形式，或者申请人按照本行政机关的要求提交全部补正申请材料的，应当受理行政许可申请

5. 下列有关行政许可审查的说法正确的是(　　)。

A. 申请人提交的申请材料齐全、符合法定形式，能够当场作出行政许可决定的，应当当场作出行政许可决定
B. 依法需要对申请材料的实质内容进行核实的，应当指派两名以上核查人员进行现场核查
C. 申请人通过信函、电报、电传、传真、电子数据交换和电子邮件的方式提出申请的，核查人员在现场核查时，应当核对申请材料原件并注明核对情况
D. 法律、法规、规章规定实施行政许可应当听证的事项，质检部门应当向社会

公告，并举行听证

6. 下列关于检验检疫行政许可的期限，说法正确的是(　　)。

A. 一般应当自受理行政许可申请之日起二十日内作出行政许可决定

B. 采取统一办理或者联合办理、集中办理的，办理的时间不得超过四十五日

C. 依法应当先经下级出入境检验检疫机构审查后报上级出入境检验检疫机构决定的行政许可，下级出入境检验检疫机构应当自其受理行政许可申请之日起二十日内审查完毕

D. 出入境检验检疫机构依法作出准予行政许可的决定，需要颁发行政许可证件的，应当自作出决定之日起7日内向申请人颁发、送达行政许可证件

7. 下列有关行政许可送达的说法正确的是(　　)。

A. 各级质检部门当场制作的行政许可文书、证件，应当即时直接送达申请人

B. 质检部门可以通过信函、电报、电传、传真或者电子邮件等方式，通知申请人领取行政许可文书、证件，也可以直接送达或者邮寄送达

C. 质检部门可以根据实际情况委托其他质检部门代为送达

D. 质检部门不能直接送达、邮寄送达或者委托送达的，可以通过本机关门户网站或者其他适当方式公告送达

8. 下列有关送达日期说法正确的是(　　)。

A. 直接送达或者委托送达的，以申请人或者其代理人的签收日期为送达日期

B. 邮寄送达的，以邮寄回执上载明的收件日期为送达日期

C. 公告送达的，自公告发出之日起，经过六十日即视为送达

D. 公告送达的，自公告发出之日起，经过九十日即视为送达

9. 质检部门受理行政许可申请后，作出行政许可决定前，应当终止办理行政许可的情形有(　　)。

A. 申请事项依法不需要取得行政许可的

B. 申请事项依法不属于本行政机关职权范围的

C. 申请人未在规定期限内补正有关申请材料的

D. 申请人撤回行政许可申请的

E. 赋予公民、法人或者其他组织特定资格的行政许可，该公民死亡或者丧失行为能力，法人或者其他组织依法终止的

F. 依法需要缴纳费用，申请人未在规定期限内予以缴纳的

10. 下列情形中，准予行政许可的质检部门应当依法办理有关行政许可的注销手续，并予以公告的有(　　)。

A. 行政许可有效期届满未延续的

B. 法人或者其他组织依法终止的

C. 被许可人申请注销行政许可的

D. 因不可抗力导致行政许可事项无法实施的

11. 下列情形中，应当对直接负责的主管人员和其他直接责任人员依法追究相应的法律责任的是(　　)。

A. 没有法定依据或者不按照法定项目和标准收取行政许可费用的

B. 终止办理行政许可，未按本办法规定退还行政许可费用的

C. 吊销、撤销、撤回、注销行政许可，未按规定程序实施的

D. 办理行政许可、实施后续监督检查过程中，索取、收受他人财物的

12. 行政许可评价的内容应当包括(　　)。

A. 实施行政许可的总体状况

B. 实施行政许可的社会效益和社会成本

C. 实施行政许可是否达到预期的管理目标

D. 行政许可在实施过程中遇到的问题和原因

E. 行政许可继续实施的必要性和合理性

三、判断题

1. 法律、行政法规和国务院发布的决定规定由直属出入境检验检疫局实施的行政许可事项，直属出入境检验检疫局可以根据实际需要，全部或者部分委托所属分支机构实施。(　　)
2. 必要时，委托行政机关和受委托行政机关可以签订行政许可委托书。(　　)
3. 委托行政机关不对行政许可行为的后果承担法律责任。(　　)
4. 受委托行政机关应当以自己的名义实施行政许可。(　　)
5. 受委托行政机关可以再委托其他组织或者个人实施行政许可。(　　)
6. 受委托行政机关超越委托的权限实施行政许可，给当事人的合法权益造成损害的，自行承担法律责任。(　　)
7. 需要延续委托期限的，委托机关应当在行政许可委托书有效期届满十五日前与受委托机关重新签订委托书。(　　)
8. 委托机关变更、中止或者终止行政许可委托的，应当及时向社会公告。(　　)
9. 接受委托的专业技术组织及其工作人员对所实施的检验、检测、检疫结论承担法律责任。(　　)
10. 申请人到质检部门办公场所提出申请的，申请人提交申请材料的时间为提出申请的时间。(　　)
11. 申请材料不齐全或者不符合法定形式的，应当当场或者自收到申请材料之日起五日内一次性告知申请人需要补正的全部内容。逾期不告知的，自收到申请材料之日后五日起即为受理。(　　)
12. 委托实施行政许可的，受委托机关出具的书面凭证，应当加盖委托机关行政许可专用印章。(　　)

13. 申请人通过信函、电报、电传、传真、电子数据交换和电子邮件的方式提出行政许可申请，质检部门应当通知申请人到场以告知申请人行政许可申请的处理情况。(　　)
14. 质检部门依法需要对行政许可申请人的申请材料的实质内容进行核实的，应当指派两名核查人员进行现场核查。(　　)
15. 申请人通过电子数据交换的方式提出行政许可申请，不能提交申请材料原件的，质检部门应当作出不予行政许可的决定。(　　)
16. 行政许可直接涉及申请人与他人之间重大利益关系的，质检部门在作出行政许可决定前应当举行听证。(　　)
17. 质检部门作出的准予行政许可决定应当予以公开，供公众免费查阅。(　　)
18. 质检部门应当通过信函、电报、电传、传真或者电子邮件等方式，通知申请人领取行政许可文书、证件。(　　)
19. 质检部门不能直接送达、邮寄送达或者委托送达行政许可决定的，可以通过本机关门户网站或者其他适当方式公告送达。(　　)
20. 直接送达或者委托送达行政许可决定的，以申请人或者其代理人的签收日期为送达日期。(　　)
21. 因申请人的原因造成行政许可文书、证件不能按期送达的，由申请人承担相应的法律后果。(　　)
22. 被许可人申请延续行政许可有效期的，应当在该行政许可有效期届满三十日内向准予行政许可的质检部门提出。法律、法规、规章对提出申请期限另有规定的，依照其规定。(　　)
23. 被许可人未按规定期限提出延续申请的，应当认定为不符合行政许可延续的法定条件，质检部门不予受理该申请。(　　)
24. 申请人撤回行政许可申请，自收到质检部门终止办理行政许可书面凭证之日起六个月内，不得再次提出该行政许可申请。(　　)
25. 行政许可终止办理，申请人已经缴纳费用，但收费项目涉及的许可环节已经完成的，行政许可机关不退还费用。(　　)
26. 依法应当撤销被许可人取得的行政许可，由准予行政许可的质检部门作出撤销行政许可的决定。(　　)
27. 赋予公民特定资格的行政许可，该公民死亡或者丧失行为能力的，准予行政许可的质检部门应当依法办理有关行政许可的撤销手续，并予以公告。(　　)
28. 质检部门应当加强对被许可人的后续监督，检查被许可人是否持续保持获得行政许可时的条件和要求。(　　)
29. 专业技术组织及其工作人员违法实施检验、检测、检疫或者鉴定、专家评审，给当事人合法权益造成损害的，由作出行政许可决定的行政机关承担赔

偿责任。(　　)

30. 被许可人不能持续保持应当具备的条件和要求继续从事行政许可事项活动，拒不改正或者逾期未改正的，处以三万元以下罚款，直至撤销其行政许可。(　　)

四、名词解释

1. 行政许可
2. 行政许可评价

五、简答题

1. 行政许可决定的送达方式有哪些？
2. 应当终止办理行政许可的情形有哪些？

六、参考答案

单选题

1. B（依据《质量监督检验检疫行政许可实施办法》第九条）
2. C（依据《质量监督检验检疫行政许可实施办法》第九条）
3. C（依据《质量监督检验检疫行政许可实施办法》第十一条）
4. B（依据《质量监督检验检疫行政许可实施办法》第十九条）
5. D（依据《质量监督检验检疫行政许可实施办法》第二十二条）
6. A（依据《质量监督检验检疫行政许可实施办法》第二十五条）
7. D（依据《行政许可法》第四十二条、第四十三条）
8. B（依据《行政许可法》第五十五条）
9. B（依据《质量监督检验检疫行政许可实施办法》第三十九条）
10. D（依据《质量监督检验检疫行政许可实施办法》第三十四条）
11. A（依据《质量监督检验检疫行政许可实施办法》第四十四条）
12. D（依据《质量监督检验检疫行政许可实施办法》第六十条）
13. D（依据《质量监督检验检疫行政许可实施办法》第六十一条）

多选题

1. ABCDE（依据《质量监督检验检疫行政许可实施办法》第十一条）
2. ABCD（依据《质量监督检验检疫行政许可实施办法》第十一条）
3. ABD（依据《质量监督检验检疫行政许可实施办法》第二十条）
4. ABCD（依据《质量监督检验检疫行政许可实施办法》第二十二条、第二十四条）
5. ABCD（依据《质量监督检验检疫行政许可实施办法》第十九条）
6. ABC（依据《行政许可法》第四十二条、第四十三条）

7. ABCD（依据《质量监督检验检疫行政许可实施办法》第三十条）
8. ABC（依据《质量监督检验检疫行政许可实施办法》第三十一条）
9. ABCDEF（依据《质量监督检验检疫行政许可实施办法》第三十九条）
10. ABCD（依据《质量监督检验检疫行政许可实施办法》第四十三条）
11. ABD（依据《质量监督检验检疫行政许可实施办法》第五十八条）
12. ABCD（依据《质量监督检验检疫行政许可实施办法》第四十七条）

判断题

1. √（依据《质量监督检验检疫行政许可实施办法》第九条）
2. ×（依据《质量监督检验检疫行政许可实施办法》第十一条）
3. ×（依据《质量监督检验检疫行政许可实施办法》第十条）
4. ×（依据《质量监督检验检疫行政许可实施办法》第十条）
5. ×（依据《质量监督检验检疫行政许可实施办法》第十条）
6. √（依据《质量监督检验检疫行政许可实施办法》第十条）
7. √（依据《质量监督检验检疫行政许可实施办法》第十一条）
8. √（依据《质量监督检验检疫行政许可实施办法》第十二条）
9. √（依据《质量监督检验检疫行政许可实施办法》第十三条）
10. √（依据《质量监督检验检疫行政许可实施办法》第十八条）
11. ×（依据《质量监督检验检疫行政许可实施办法》第十九条）
12. √（依据《质量监督检验检疫行政许可实施办法》第二十条）
13. ×（依据《质量监督检验检疫行政许可实施办法》第二十条）
14. ×（依据《质量监督检验检疫行政许可实施办法》第二十二条）
15. √（依据《质量监督检验检疫行政许可实施办法》第二十二条）
16. ×（依据《质量监督检验检疫行政许可实施办法》第二十四条）
17. ×（依据《质量监督检验检疫行政许可实施办法》第二十六条）
18. ×（依据《质量监督检验检疫行政许可实施办法》第三十条）
19. √（依据《质量监督检验检疫行政许可实施办法》第三十条）
20. √（依据《质量监督检验检疫行政许可实施办法》第三十一条）
21. √（依据《质量监督检验检疫行政许可实施办法》第三十二条）
22. ×（依据《质量监督检验检疫行政许可实施办法》第三十四条）
23. ×（依据《质量监督检验检疫行政许可实施办法》第三十五条）
24. √（依据《质量监督检验检疫行政许可实施办法》第三十九条）
25. √（依据《质量监督检验检疫行政许可实施办法》第四十条）
26. √（依据《质量监督检验检疫行政许可实施办法》第四十二条）
27. ×（依据《质量监督检验检疫行政许可实施办法》第四十四条）
28. √（依据《质量监督检验检疫行政许可实施办法》第五十二条）
29. ×（依据《质量监督检验检疫行政许可实施办法》第六十条）

30. √（依据《质量监督检验检疫行政许可实施办法》第六十一条）

名词解释

1. 答：行政许可是指行政机关根据公民、法人或者其他组织的申请，经依法审查，准予其从事特定活动的行为。

（依据《行政许可法》第二条）

2. 答：行政许可评价是指行政机关对已设定的行政许可的实施情况，行为的合法性、合理性、是否遵循经济发展和社会发展规律，能否有效维护行政许可相对人的合法权益等方面适时进行评价的行为。

（依据检验检疫行政许可的监督管理/行政许可评价）

简答题

1. 答：（1）出入境检验检疫机构当场制作的行政许可文书、证件，应当即时直接送达申请人。

（2）出入境检验检疫机构可以通过信函、电报、电传、传真或者电子邮件等方式，通知申请人领取行政许可文书、证件，也可以直接送达或者邮寄送达。

（3）出入境检验检疫机构可以根据实际情况委托其他出入境检验检疫机构代为送达。

（4）不能直接送达、邮寄送达或者委托送达的，出入境检验检疫机构可以通过本机关门户网站或者其他适当方式公告送达。

（依据《质量监督检验检疫行政许可实施办法》第三十一条）

2. 答：申请事项依法不需要取得行政许可的；申请事项依法不属于本行政机关职权范围的；申请人未在规定期限内补正有关申请材料的；申请人撤回行政许可申请的；赋予公民、法人或者其他组织特定资格的行政许可，该公民死亡或者丧失行为能力，法人或者其他组织依法终止的；依法需要缴纳费用，申请人未在规定期限内予以缴纳的；其他依法应当终止办理行政许可的。

（依据《质量监督检验检疫行政许可实施办法》第三十九条）

第三章　出入境检验检疫行政处罚制度

一、单选题

1. 出入境检验检疫行政处罚案件，由(　　)的出入境检验检疫机构管辖。

A. 当事人所在地　　B. 违法行为发生地

C. 违法行为结果地

2. 出入境检验检疫机构发现案件不属于自己管辖的，应当及时移送有管辖权的出入境检验检疫机构。受移送的出入境检验检疫机构不得再自行移送；认为移送不当的，应当报(　　)指定管辖。

A. 上级机构　　B. 共同的上级机构

C. 共同的上一级机构

3. 两个以上出入境检验检疫机构都有管辖权的行政处罚案件，由(　　)的出入境检验检疫机构管辖。

A. 最先立案　　B. 最先发现

C. 共同的上一级机构指定

4. 出入境检验检疫机构发现公民、法人或者其他组织涉嫌违反出入境检验检疫法律、行政法规或者规章的行为，认为需要给予行政处罚的，应当在发现涉嫌违法行为之日起(　　)内立案。

A. 3 日　　B. 5 日

C. 7 日　　D. 10 日

5. 对决定立案查处的案件，出入境检验检疫机构应当在决定立案之日起(　　)内指定案件调查人员。

A. 3 日　　B. 5 日

C. 7 日　　D. 10 日

6. 案件调查应当在立案之日起(　　)内终结。

A. 30 日　　B. 60 日

C. 两个月　　D. 90 日

7. 当事人在收到《行政处罚告知书》之日起(　　)内有权陈述和申辩，符合听证条件的有权要求听证。

A. 3 日　　B. 5 日

C. 7 日　　D. 10 日

8. 行政处罚决定应当自案件调查终结之日起(　　)以内作出。

A. 10 日　　B. 15 日

C. 30 日　　D. 60 日

9. 违法事实清楚，证据确凿，且对公民处以(　　)元以下罚款的，可以适用简易程序实施行政处罚。

A. 50　　B. 100

C. 500　　D. 1000

10. 违法事实清楚，证据确凿，且对企业处以(　　)元以下罚款的，可以适用简易程序实施行政处罚。

A. 50　　B. 100

C. 500　　D. 1000

11. 作出当场处罚决定的，执法人员应当在作出处罚决定之日起(　　)日内，将《当场行政处罚决定书》交所属出入境检验检疫机构法制工作部门备案。

A. 3　　B. 5

C. 7　　D. 15

12. 当事人到期不缴纳罚款的，出入境检验检疫机构可以每日按罚款数额的(　　)加处罚款。

A. 百分之一　　B. 百分之三

C. 百分之五　　D. 千分之三

13. 违反出入境检验检疫法律、行政法规或者规章的行为在(　　)内未被发现的，不再给予行政处罚，但是法律另有规定的除外。

A. 6 个月　　B. 1 年

C. 2 年　　D. 3 年

14. 违法行为有连续或者继续状态的，从行为(　　)之日起计算。

A. 发生　　B. 终了　　C. 发现

二、多选题

1. 出入境检验检疫行政处罚工作，应当遵循以下基本原则(　　)。

A. 以事实为依据，以法律为准绳　　B. 公正、公开

C. 处罚与教育相结合　　D. 保护公民、法人及其他组织合法权益

2. 下列关于行政处罚案件管辖的说法正确的是(　　)。

A. 出入境检验检疫行政处罚案件，由违法行为发生地的出入境检验检疫机构管辖

B. 受移送的出入境检验检疫机构不得再自行移送；认为移送不当的，应当报共同的上级机构指定管辖

C. 两个以上出入境检验检疫机构都有管辖权的行政处罚案件，由最先立案的出

入境检验检疫机构管辖

D. 上级出入境检验检疫机构认为必要时也可以把自己管辖的案件交由下级出入境检验检疫机构管辖

3. 下列有关行政处罚案件调查的说法正确的是(　　)。

A. 调查人员与当事人有直接利害关系的，应当回避

B. 调查人员认为必要时，可以向当事人或者有关人员发出《调查通知书》

C. 调查取证时，调查人员不得少于两人，并应当向当事人或者有关人员出示工作证件

D. 调查人员可以查阅、记录或者复制与案件有关的合同、单证、发票、账簿、文件及其他资料或者以抽样、录音、照相、摄像等方法收集证据

4. 下列哪些电子证据的输出件可以视同具有原件的效力(　　)。

A. 具有法定的电子认证手段，能确保其真实性的

B. 经过公证机关公证的

C. 当事人承认其客观真实，并经依法确认为有效证据的

D. 执法人员直接从当事人电脑中打印的电子邮件内容

5. 下列关于先行登记保存的说法正确的是(　　)。

A. 在证据可能灭失或者以后难以取得的情况下，经出入境检验检疫机构负责人批准，可先行登记保存

B. 采取先行登记保存应当出具《登记保存物品决定书》，并填写《登记保存物品清单》，由调查人员、当事人、物品保管人签名或者盖章确认，并加贴封条或者加施封识

C. 先行登记保存时，当事人不在场的，应当邀请见证人到场，说明情况，由见证人在《登记保存物品决定书》所附的《登记保存物品清单》上签名或者盖章

D. 对先行登记保存的物品，应当在 7 日内作出处理决定

6. 下列应当从轻处罚的情形有(　　)。

A. 主动消除或者减轻违法行为危害后果的

B. 配合查处违法行为有立功表现的

C. 受他人胁迫实施违法行为的

7. 下列应当从重处罚的情形有(　　)。

A. 多次实施违法行为的

B. 违法行为造成严重后果的

C. 阻碍案件调查

D. 故意转移、隐匿、销毁证据或者提供伪证，掩盖违法事实的

8. 下列情况下，当事人享有要求听证权利的是(　　)。

A. 对公民处以 10000 元以上罚款的

B. 对法人或者其他组织处以 100000 元以上罚款的
C. 撤销行政许可、吊销行政许可证件的
D. 责令停产、停业的
9. 有下列哪些情况下，听证主持人可以决定延期举行听证(　　)。
A. 当事人有正当理由未到场的
B. 当事人提出回避申请理由成立，需要重新确定听证主持人的
C. 有新的事实需要调查核实的
D. 当事人为法人及其他组织，发生合并、分立等主体变更事宜，需要等待权利义务继承人的
10. 下列情况下，出入境检验检疫执法人员可以当场收缴罚款的是(　　)。
A. 给予个人 20 元以下罚款的
B. 给予企业 1000 元以下罚款的
C. 不当场收缴事后难以执行的
D. 在边远、水上、交通不便地区，当事人向指定的银行缴纳罚款确有困难，经当事人提出的

三、判断题

1. 出入境检验检疫机构对当事人的同一违法行为，不得给予两次以上罚款的行政处罚。(　　)
2. 出入境检验检疫行政处罚案件，由违法行为发生地的出入境检验检疫机构管辖。(　　)
3. 两个以上出入境检验检疫机构都有管辖权的行政处罚案件，由最先发现违法行为的出入境检验检疫机构管辖。(　　)
4. 受移送的出入境检验检疫机构不得再自行移送；认为移送不当的，应当报共同的上级机构指定管辖。(　　)
5. 上级出入境检验检疫机构认为必要时可以管辖下级出入境检验检疫机构管辖的行政处罚案件。(　　)
6. 出入境检验检疫机构发现公民、法人或者其他组织涉嫌违反出入境检验检疫法律、行政法规或者规章的行为，认为需要给予行政处罚的，应当在发现之日起 7 日内立案。(　　)
7. 对决定立案查处的案件，出入境检验检疫机构应当在决定立案之日起 5 日内指定案件调查人员。(　　)
8. 调查人员认为需要向当事人或者有关人员进行调查询问时，应当向当事人或者有关人员发出《调查通知书》。(　　)
9. 向当事人或者有关人员调查询问时，应当制作《调查笔录》，《调查笔录》需经调查人员、当事人或者有关人员签名或者盖章。(　　)

10. 现场勘验时制作的《现场勘验笔录》需经调查人员、当事人、见证人或者有关人员签名或者盖章。(　　)
11. 在证据可能灭失或者以后难以取得的情况下，经出入境检验检疫机构负责人批准，可先行登记保存。紧急情况下，可先行采取有关措施，事后补办审批手续。(　　)
12. 调取原件、原物确有困难的，可由提交证据的单位或者个人在复制品、复印件、照片上签名或者加盖公章，并注明“与原件（物）相同”字样或者文字说明。(　　)
13. 具有法定的电子认证手段，能确保其真实性的电子邮件的输出件视同具有原件的效力。(　　)
14. 经过公证机关公证的电子数据交换的输出件视同具有原件的效力。(　　)
15. 当事人及利害关系人承认其客观真实，并经依法确认为有效证据的电子邮件的输出件，视同具有原件的效力。(　　)
16. 对登记保存的物品，应当在 7 个工作日内作出处理决定。(　　)
17. 当事人接受调查时拒绝在有关材料上签名或者盖章的，由调查人员注明情况，并邀请见证人到场签名或者盖章。(　　)
18. 在延长时限内仍不能完成案件调查的，应当报出入境检验检疫机构主要负责人决定是否继续调查。(　　)
19. 当事人在收到《行政处罚告知书》之日起 3 日内有权陈述和申辩，符合听证条件的有权要求听证。(　　)
20. 出入境检验检疫机构依法作出行政处罚告知后，当事人陈述和申辩时提供虚假情况的，出入境检验检疫机构可以加重处罚。(　　)
21. 当事人主动消除或者减轻违法行为危害后果的，应当从轻处罚。(　　)
22. 当事人配合查处违法行为有立功表现的，应当从轻处罚。(　　)
23. 当事人受他人胁迫实施违法行为的，应当从轻处罚。(　　)
24. 当事人多次实施违法行为的，应当加重处罚。(　　)
25. 当事人违法行为造成严重后果的，应当从重处罚。(　　)
26. 当事人故意转移、隐匿、销毁证据或者提供伪证，掩盖违法事实的，应当从重处罚。(　　)
27. 合并处罚种类追究法律责任的，对于违法行为轻微的，选择较轻的处罚种类。(　　)
28. 合并处罚种类追究法律责任的，对于违法行为严重的，合并全部处罚种类。(　　)
29. 当事人或者其现场代表对违法事实认定有异议，不适用简易程序。(　　)
30. 对公民处以 10000 元以上罚款的，当事人有权要求举行听证。(　　)
31. 当事人要求听证的，应当在出入境检验检疫机构告知后 7 日内提出。(　　)

32. 听证主持人和书记员的的回避由出入境检验检疫机构负责人决定。（　　）
33. 当事人无正当理由不按时出席听证或者中途擅自退出听证的，听证程序终止。（　　）
34. 听证的费用由申请举行听证的当事人承担。（　　）
35. 《行政处罚决定书》不能当场宣告交付当事人的，出入境检验检疫机构应当在作出决定之日起 7 日内送达当事人。（　　）
36. 当场作出行政处罚决定，给予当事人 50 元以下罚款的，执法人员可以当场收缴罚款。（　　）
37. 违法行为的连续状态是指行为人连续实施数个同一种类的违法行为。（　　）
38. 违法行为继续状态是指一个违法行为在时间上的延续。（　　）

四、简答题

1. 行政处罚案件的审查主要审查哪些内容？
2. 作出行政处罚决定之前，出入境检验检疫机关应当告知哪些内容？

五、参考答案

单选题

1. B（依据《出入境检验检疫行政处罚程序规定》第八条）
2. B（依据《出入境检验检疫行政处罚程序规定》第九条）
3. A（依据《出入境检验检疫行政处罚程序规定》第九条）
4. D（依据《出入境检验检疫行政处罚程序规定》第十三条）
5. A（依据《出入境检验检疫行政处罚程序规定》第十五条）
6. B（依据《出入境检验检疫行政处罚程序规定》第二十二条）
7. A（依据《出入境检验检疫行政处罚程序规定》第二十五条）
8. C（依据《出入境检验检疫行政处罚程序规定》第三十三条）
9. A（依据《出入境检验检疫行政处罚程序规定》第三十四条）
10. D（依据《出入境检验检疫行政处罚程序规定》第三十四条）
11. B（依据《出入境检验检疫行政处罚程序规定》第三十六条）
12. B（依据《出入境检验检疫行政处罚程序规定》第五十三条）
13. C（依据《出入境检验检疫行政处罚程序规定》第六十二条）
14. B（依据《出入境检验检疫行政处罚程序规定》第六十二条）

多选题

1. ABCD（依据《出入境检验检疫行政处罚程序规定》第三条）
2. ABCD（依据《出入境检验检疫行政处罚程序规定》第八条、第九条、第十条、第十一条）
3. ABCD（依据《出入境检验检疫行政处罚程序规定》第十五条、第十六条、

第十九条）

4. ABC（依据《出入境检验检疫行政处罚程序规定》第十九条）

5. ABCD（依据《出入境检验检疫行政处罚程序规定》第十九条、第二十条）

6. ABC（依据《出入境检验检疫行政处罚程序规定》第二十七条）

7. ABCD（依据《出入境检验检疫行政处罚程序规定》第二十八条）

8. ABCD（依据《出入境检验检疫行政处罚程序规定》第三十七条）

9. ABCD（依据《出入境检验检疫行政处罚程序规定》第四十五条）

10. ACD（依据《出入境检验检疫行政处罚程序规定》第五十六条）

判断题

1. √（依据《出入境检验检疫行政处罚程序规定》第六条）

2. √（依据《出入境检验检疫行政处罚程序规定》第八条）

3. ×（依据《出入境检验检疫行政处罚程序规定》第十条）

4. √（依据《出入境检验检疫行政处罚程序规定》第九条）

5. √（依据《出入境检验检疫行政处罚程序规定》第十一条）

6. ×（依据《出入境检验检疫行政处罚程序规定》第十三条）

7. ×（依据《出入境检验检疫行政处罚程序规定》第十五条）

8. ×（依据《出入境检验检疫行政处罚程序规定》第十六条）

9. √（依据《出入境检验检疫行政处罚程序规定》第十七条）

10. ×（依据《出入境检验检疫行政处罚程序规定》第十八条）

11. √（依据《出入境检验检疫行政处罚程序规定》第十九条、第二十条）

12. √（依据《出入境检验检疫行政处罚程序规定》第十九条）

13. √（依据《出入境检验检疫行政处罚程序规定》第十九条）

14. √（依据《出入境检验检疫行政处罚程序规定》第十九条）

15. √（依据《出入境检验检疫行政处罚程序规定》第十九条）

16. √（依据《出入境检验检疫行政处罚程序规定》第二十条）

17. ×（依据《出入境检验检疫行政处罚程序规定》第二十一条）

18. ×（依据《出入境检验检疫行政处罚程序规定》第二十二条）

19. √（依据《出入境检验检疫行政处罚程序规定》第二十五条）

20. ×（依据《出入境检验检疫行政处罚程序规定》第二十六条）

21. √（依据《出入境检验检疫行政处罚程序规定》第二十七条）

22. √（依据《出入境检验检疫行政处罚程序规定》第二十七条）

23. √（依据《出入境检验检疫行政处罚程序规定》第二十七条）

24. ×（依据《出入境检验检疫行政处罚程序规定》第二十八条）

25. √（依据《出入境检验检疫行政处罚程序规定》第二十八条）

26. √（依据《出入境检验检疫行政处罚程序规定》第二十八条）

27. ×（依据《出入境检验检疫行政处罚程序规定》第三十条）

28. √（依据《出入境检验检疫行政处罚程序规定》第三十条）
29. ×（依据《出入境检验检疫行政处罚程序规定》第三十五条）
30. √（依据《出入境检验检疫行政处罚程序规定》第三十七条）
31. ×（依据《出入境检验检疫行政处罚程序规定》第三十八条）
32. ×（依据《出入境检验检疫行政处罚程序规定》第四十一条）
33. √（依据《出入境检验检疫行政处罚程序规定》第四十六条）
34. ×（依据《出入境检验检疫行政处罚程序规定》第四十八条）
35. ×（依据《出入境检验检疫行政处罚程序规定》第五十一条）
36. ×（依据《出入境检验检疫行政处罚程序规定》第五十六条）
37. √（依据《出入境检验检疫行政处罚程序规定》第六十二条）
38. √（依据《出入境检验检疫行政处罚程序规定》第六十二条）

简答题

1. 答：主要事实是否清楚，证据是否确凿；案件调查的程序是否合法；对违法行为提出的处理意见，所适用的法律、行政法规或者规章是否正确；违法事实是否超过追诉期限；是否存在从轻从重情节；违法行为是否涉嫌犯罪。

（依据《出入境检验检疫行政处罚程序规定》第二十四条）

2. 答：告知当事人拟作出行政处罚决定的事实、理由和依据以及处罚决定内容；告知当事人在收到《行政处罚告知书》之日起3日内有权陈述和申辩；符合听证条件的告知当事人有权要求听证。

（依据《出入境检验检疫行政处罚程序规定》第二十五条）

第四章　出入境检验检疫行政强制制度

一、单选题

1.《行政强制法》* 于(　　)正式施行。

A. 2010 年 1 月 1 日　　B. 2011 年 1 月 1 日

C. 2012 年 1 月 1 日　　D. 2012 年 7 月 1 日

2. 下列不属于检验检疫行政强制的特殊原则的是(　　)。

A. 合作原则　　B. 适当原则

C. 时效原则　　D. 行政强制法律适用上的例外

3. 下列不属于行政强制措施的是(　　)。

A. 劳动教养　　B. 查封生产车间

C. 扣押财务账簿　　D. 冻结涉案企业的存款

4. 下列不属于行政强制执行方式的是(　　)。

A. 加处罚款或者滞纳金　　B. 划拨存款、汇款

C. 拍卖无人认领的财物　　D. 代履行

5. 情况紧急，需要当场实施行政强制措施的，行政执法人员应当在(　　)小时内向行政机关负责人报告，并补办批准手续。

A. 8　　B. 12

C. 24　　D. 48

6. 查封、扣押的延长期限不得超过(　　)。

A. 30 日　　B. 60 日

C. 90 日　　D. 45 日

7. 下列有关中止行政执行的说法错误的是(　　)。

A. 当事人书面申请的

B. 当事人暂无履行能力的

C. 执行可能造成难以弥补的损失，且中止执行不损害公共利益的

D. 第三人对执行标的主张权利，确有理由的

8. 人民法院接到出入境检验检疫机构强制执行的申请，应当在(　　)日内受理。

A. 3　　B. 5

---

* 《中华人民共和国行政强制法》，在本书中简称《行政强制法》。

C. 7　　　　D. 10

9. 出入境检验检疫机构对人民法院不予受理行政强制执行申请的裁定有异议的，可以在(　　)日内向上一级人民法院申请复议。

A. 10　　　　B. 15

C. 30　　　　D. 60

10. 出入境检验检疫机构申请人民法院强制执行前，应当催告当事人履行义务。催告书送达(　　)日后当事人仍未履行义务的，出入境检验检疫机构可以向所在地有管辖权的人民法院申请强制执行。

A. 3　　　　B. 5

C. 7　　　　D. 10

二、多选题

1. 下列属于《行政强制法》第九条规定的行政强制措施的是(　　)。

A. 限制公民人身自由　　　　B. 查封场所、设施或者财物

C. 扣押财物　　　　D. 冻结存款、汇款

2. 下列属于行政强制执行措施的是(　　)。

A. 加处罚款或者滞纳金　　　　B. 划拨存款、汇款

C. 排除妨碍、恢复原状　　　　D. 代履行

3. 下列有关行政强制措施的实施程序说法正确的是(　　)。

A. 未向行政机关负责人报告并经批准不得实施

B. 由两名以上行政执法人员实施并出示执法身份证件

C. 通知当事人到场，当事人不到场的，邀请见证人到场

D. 听取当事人的陈述和申辩

4. 下列有关查封扣押说法正确的是(　　)。

A. 查封、扣押限于涉案的场所、设施或者财物

B. 不得查封、扣押公民个人及其所扶养家属的生活必需品

C. 当事人的场所、设施或者财物已被其他国家机关依法查封的，不得重复查封

D. 对查封的场所、设施或者财物，行政机关可以委托第三人保管

5. 下列情形中，行政机关应当及时作出解除查封、扣押决定的是(　　)。

A. 当事人没有违法行为

B. 查封、扣押的场所、设施或者财物与违法行为无关

C. 行政机关对违法行为已经作出处理决定，不再需要查封、扣押

D. 查封、扣押期限已经届满

6. 行政机关作出强制执行决定前，应当事先催告当事人履行义务。催告应当以书面形式作出并告知(　　)。

A. 履行义务的期限

B. 履行义务的方式

C. 涉及金钱给付的，应当有明确的金额和给付方式

D. 当事人依法享有的陈述权和申辩权

7. 下列应当中止行政强制执行的是(　　)。

A. 当事人履行行政决定确有困难的

B. 当事人暂无履行能力的

C. 第三人对执行标的主张权利，确有理由的

D. 执行可能造成难以弥补的损失，且中止执行不损害公共利益的

8. 下列应当终结行政强制执行的是(　　)。

A. 公民死亡，无遗产可供执行，又无义务承受人的

B. 法人或者其他组织终止，无财产可供执行，又无义务承受人的

C. 执行标的灭失的

D. 据以执行的行政决定被撤销的

9. 下列有关代履行的说法正确的是(　　)。

A. 代履行前应制作并送达决定书

B. 代履行三日前，催告当事人履行，当事人履行的，停止代履行

C. 代履行时，作出决定的行政机关应当派员到场监督

D. 代履行的费用由行政机关承担

三、判断题

1. 行政强制是一种限权行为。(　　)

2. 行政强制的设定和实施，应当适当。采用非强制手段可以达到行政管理目的的，不得设定和实施行政强制。(　　)

3. 公民、法人或者其他组织因人民法院强制执行受到损害的，有权依法要求赔偿。(　　)

4. 违法行为情节显著轻微或者没有明显社会危害的，不得采取行政强制措施。(　　)

5. 情况紧急时，需要当场实施行政强制措施的，出入境检验检疫行政执法人员应当在四十八小时内向出入境检验检疫机构负责人报告，并补办批准手续。(　　)

6. 实施限制公民人身自由的行政强制措施，在当场告知或者实施行政强制措施后应立即通知当事人家属实施行政强制措施的行政机关、地点和期限。(　　)

7. 实施查封、扣押时，不得查封、扣押公民个人及其所抚养家属的生活必需品。(　　)

8. 当事人的场所、设施或者财物已被其他国家机关依法查封的，不得重复查封。

(　　)

9. 查封、扣押的期限不得超过三十日；情况复杂的，经行政机关负责人批准，可以延长，但是延长期限不得超过三十日。(　　)
10. 对物品需要进行检测、检验、检疫或者技术鉴定的，费用由当事人承担。(　　)
11. 对查封的场所、设施或者财物，行政机关可以委托第三人保管；因第三人的原因造成的损失，行政机关先行赔付后，有权向第三人追偿。(　　)
12. 因查封、扣押发生的保管费用由行政机关承担。(　　)
13. 行政机关作出强制执行决定前，可以事先催告当事人履行义务。(　　)
14. 在催告期间，对有证据证明有转移或者隐匿财物迹象的，行政机关可以作出立即强制执行决定。(　　)
15. 对没有明显社会危害，当事人确无能力履行，中止执行满三年未恢复执行的，行政机关不再执行。(　　)
16. 实施行政强制执行，行政机关可以在不损害公共利益和他人合法权益的情况下，与当事人达成执行协议。(　　)
17. 加处罚款或者滞纳金的数额不得超出金钱给付义务的数额。(　　)
18. 代履行的费用按照成本合理确定，由作出代履行决定的行政机关承担。(　　)
19. 当事人在法定期限内不申请行政复议或者提起行政诉讼，又不履行行政决定的，出入境检验检疫机构可以自期限届满之日起三个月内申请人民法院强制执行。(　　)
20. 申请强制执行时，执行对象是不动产的，应当向不动产所在地有管辖权的人民法院申请强制执行。(　　)

四、名词解释

1. 行政强制措施
2. 行政强制执行
3. 代履行

五、简答题

1. 《行政强制法》第十二条规定的行政强制执行方式有哪些？
2. 机关实施行政强制措施应当遵守的一般程序？
3. 简述代履行的程序。

六、参考答案

单选题

1. C（依据《行政强制法》第七十一条）

2. B（依据出入境检验检疫行政强制概述/特征）
3. A（依据《行政强制法》第九条）
4. C（依据《行政强制法》第十二条）
5. C（依据《行政强制法》第十九条）
6. A（依据《行政强制法》第二十五条）
7. A（依据《行政强制法》第三十九条）
8. B（依据《行政强制法》第五十六条）
9. B（依据《行政强制法》第五十六条）
10. D（依据《行政强制法》第五十四条）

多选题

1. ABCD（依据《行政强制法》第九条）
2. ABCD（依据《行政强制法》第十二条）
3. BCD（依据《行政强制法》第十八条）
4. ABCD（依据《行政强制法》第二十三条、第二十六条）
5. ABCD（依据《行政强制法》第二十八条）
6. ABCD（依据《行政强制法》第三十五条）
7. ABCD（依据《行政强制法》第三十九条）
8. ABCD（依据《行政强制法》第四十条）
9. ABC（依据《行政强制法》第五十一条）

判断题

1. √（依据出入境检验检疫行政强制概述/特征）
2. √（依据《行政强制法》第五条）
3. ×（依据《行政强制法》第八条）
4. ×（依据《行政强制法》第十六条）
5. ×（依据《行政强制法》第十九条）
6. √（依据《行政强制法》第二十条）
7. √（依据《行政强制法》第二十三条）
8. √（依据《行政强制法》第二十三条）
9. √（依据《行政强制法》第二十五条）
10. ×（依据《行政强制法》第二十五条）
11. √（依据《行政强制法》第二十六条）
12. √（依据《行政强制法》第二十六条）
13. ×（依据《行政强制法》第三十五条）
14. √（依据《行政强制法》第三十七条）
15. √（依据《行政强制法》第三十九条）
16. √（依据《行政强制法》第四十二条）

17. √（依据《行政强制法》第四十五条）

18. ×（依据《行政强制法》第五十一条）

19. √（依据《行政强制法》第五十三条）

20. √（依据《行政强制法》第五十四条）

名词解释

1. 答：行政强制措施是指行政机关在行政管理过程中，为制止违法行为、防止证据损毁、避免危害发生、控制危险扩大等情形，依法对公民的人身自由实施暂时性限制，或者对公民、法人或者其他组织的财物实施暂时性控制的行为。

（依据《行政强制法》第二条）

2. 答：行政强制执行是指行政机关直接或者申请人民法院，对不履行行政决定的公民、法人或者其他组织，依法强制履行义务的行为。

（依据《行政强制法》第二条）

3. 答：代履行是指当事人不履行义务时，行政机关或者第三人代其履行义务，从而实现行政管理目的的一种行政强制执行方式。

（依据出入境检验检疫行政强制执行的程序/代履行程序）

简答题

1. 答：加处罚款或者滞纳金；划拨存款、汇款；拍卖或者依法处理查封、扣押的场所、设施或者财物；排除妨碍、恢复原状；代履行；其他强制执行方式。

（依据《行政强制法》第二十条）

2. 答：实施前须向行政机关负责人报告并经批准；由两名以上行政执法人员实施；出示执法身份证件；通知当事人到场；当场告知当事人采取行政强制措施的理由、依据以及当事人依法享有的权利、救济途径；听取当事人的陈述和申辩；制作现场笔录；现场笔录由当事人和行政执法人员签名或者盖章，当事人拒绝的，在笔录中予以注明；当事人不到场的，邀请见证人到场，由见证人和行政执法人员在现场笔录上签名或者盖章；法律、法规规定的其他程序。

（依据《行政强制法》第十八条）

3. 答：（1）代履行前送达决定书，代履行决定书应当载明当事人的姓名或者名称、地址，代履行的理由和依据、方式和时间、标的、费用预算以及代履行人；

（2）代履行三日前，催告当事人履行，当事人履行的，停止代履行；

（3）代履行时，作出决定的出入境检验检疫机构应当派员到场监督；

（4）代履行完毕，出入境检验检疫机构到场监督的工作人员、代履行人和当事人或者见证人应当在执行文书上签名或者盖章。

（依据《行政强制法》第五十一条）

第五章　出入境检验检疫行政执法监督制度

一、单选题

1. 同申请行政复议的具体行政行为有利害关系的其他公民、法人或者其他组织可以作为(　　)参加行政复议。

A. 共同申请人　　B. 被申请人
C. 第三人　　D. 证人

2. 申请人申请行政复议，应当自知道该具体行政行为之日起(　　)内提出。

A. 十五日　　B. 三十日
C. 六十日　　D. 九十日

3. 复议机关收到行政复议申请后，应当在(　　)内进行审查。

A. 三日　　B. 五日
C. 七日　　D. 十日

4. 申请人对复议决定不服的，可以自收到行政复议决定书之日起(　　)内向人民法院起诉。

A. 十五日　　B. 三十日
C. 六十日　　D. 三个月

5. 行政机关应当在收到起诉状副本之日起(　　)内向人民法院提出答辩状

A. 3 日　　B. 7 日
C. 10 日　　D. 15 日

6. 审核人变更具体工作人员的正确意见，批准人批准该审核意见，出现行政执法过错的(　　)是行政执法过错责任人。

A. 审核人、批准人　　B. 审核人
C. 批准人　　D. 具体工作人员

7. 因发生行政执法过错未被及时发现，造成不良后果的，其上一级主管领导应承担(　　)。

A. 承担直接责任　　B. 间接责任
C. 失察责任　　D. 不承担责任

8. 1 年内发生(　　)行政执法过错的，应当从重追究行政执法过错行为的行政执法责任。

A. 2 次　　B. 3 次

C. 5 次　　D. 多次

9. 行政执法过错责任追究的调查处理工作应在立案之日起(　　)内完成。

A. 1 个月　　B. 2 个月

C. 3 个月　　D. 半年

10. 行政执法过错责任人对处理决定不服的，可在接到处理决定之日起 30 日内向作出处理决定的机关申请(　　)。

A. 复核　　B. 复议

C. 申诉　　D. 诉讼

11. 《行政执法证》自发放之日起，(　　)内有效。

A. 2 年　　B. 3 年

C. 5 年　　D. 10 年

12. 犯商检徇私舞弊罪，处 5 年以下有期徒刑或者拘役；造成严重后果的，处(　　)有期徒刑。

A. 3 年以下　　B. 3 年以上 5 年以下

C. 5 年以上 10 年以下　　D. 10 年以下

13. 犯传染病防治失职罪，处(　　)以下有期徒刑或者拘役。

A. 1 年　　B. 3 年

C. 5 年　　D. 10 年

二、多选题

1. 下列行为，当事人可以提起行政复议的是(　　)。

A. 对行政机关作出的行政处罚决定不服的

B. 对行政机关作出的行政强制措施决定不服的

C. 对行政机关作出的撤销许可、注册登记等决定不服的

D. 认为行政机关违法要求其履行义务的

2. 复议期间具体行政行为可以停止执行的是(　　)。

A. 申请人认为应当停止执行的

B. 被申请人认为需要停止执行的

C. 复议机关认为需要停止执行的

D. 申请人申请停止执行，复议机关认为其请求合理，决定停止执行的

3. 下列行为，当事人可以提起行政诉讼的是(　　)。

A. 对行政机关作出的行政处罚决定不服的

B. 对行政机关作出的行政强制措施决定不服的

C. 认为行政机关侵犯法律规定的经营自主权的

D. 认为符合法定条件申请行政机关颁发许可证和执照，行政机关拒绝颁发或者不予答复的

4. 下列属于行政执法监督检查内容的有(　　)。
A. 行政执法主体的合法性　　B. 具体行政行为的合法性和适当性
C. 规范性文件的合法性　　D. 法律、法规、规章的施行情况
5. 出入境检验检疫机构有下列情形之一的，上一级出入境检验检疫机构可以责令纠正或者撤销(　　)。
A. 行政执法主体不合法的　　B. 行政执法程序违法或者不当的
C. 具体行政行为违法或者不当的　　D. 规范性文件不合法的
E. 各级检验检疫机构工作人员不履行法定职责的
6. 检验检疫行政执法过错责任追究工作中应当坚持的原则是(　　)。
A. 以法律为准绳，以事实为依据　　B. 实事求是
C. 有错必纠　　D. 惩戒与教育相结合
E. 处分与责任相适应
7. 以下属于追究行政执法过错责任的方式有(　　)。
A. 责令书面检查　　B. 通报批评
C. 行政处分　　D. 承担全部或者部分赔偿责任
8. 下列应当从重追究行政执法过错责任的是(　　)。
A. 不配合有关部门调查，或者阻挠行政执法过错责任追究的
B. 对举报、控告、申诉或者案件调查人员进行打击报复的
C. 执法过程中有索贿受贿、敲诈勒索、徇私舞弊等行为的
D. 因行政执法过错给他人造成严重损害，或者造成严重不良影响的
9. 下列属于应当取消行政执法人员行政执法资格，并吊销其《行政执法证》的是(　　)。
A. 超越法定权限或者违反执法程序，尚未造成不良后果的
B. 将《行政执法证》转借他人进行违法违纪活动的
C. 受到治安拘留处罚的
D. 应当出示而不出示《行政执法证》，被投诉 3 次以上的
10. 下列情形中，应按商检徇私舞弊案立案的是(　　)。
A. 采取伪造、变造的手段对报检的商品的单证、印章、标志、封识、质量认证标志等作虚假的证明或者出具不真实的证明结论的
B. 将送检的合格商品检验为不合格，或者将不合格商品检验为合格的
C. 对明知是不合格的商品，不检验而出具合格检验结果的
D. 未经检验，出具合格检验结果，致使国家禁止进口的固体废物、液态废物和气态废物等进入境内的
11. 下列情形中，应按商检失职案立案的是(　　)。
A. 致使不合格的食品、药品、医疗器械等商品出入境，严重危害生命健康的
B. 造成个人财产直接经济损失 15 万元以上，或者直接经济损失不满 15 万元，

但间接经济损失 75 万元以上的

C. 造成公共财产、法人或者其他组织财产直接经济损失 30 万元以上，或者直接经济损失不满 30 万元，但间接经济损失 150 万元以上的

D. 不检验或者延误检验出证、错误出证，引起国际经济贸易纠纷，严重影响国家对外经贸关系，或者严重损害国家声誉的

12. 下列情形中，应按动植物检疫徇私舞弊案立案的是(　　)。

A. 采取伪造、变造的手段对检疫的单证、印章、标志、封识等作虚假的证明或者出具不真实的结论的

B. 导致疫情发生，造成人员重伤或者死亡的

C. 将送检的合格动植物检疫为不合格，或者将不合格动植物检疫为合格的

D. 对明知是不合格的动植物，不检疫而出具合格检疫结果的

13. 下列情形中，应按动植物检疫失职案立案的是(　　)。

A. 导致重大疫情发生、传播或者流行的

B. 造成个人财产直接经济损失 15 万元以上，或者直接经济损失不满 15 万元，但间接经济损失 75 万元以上的

C. 造成公共财产或者法人、其他组织财产直接经济损失 30 万元以上，或者直接经济损失不满 30 万元，但间接经济损失 150 万元以上的

D. 不检疫或者延误检疫出证、错误出证，引起国际经济贸易纠纷，严重影响国家对外经贸关系，或者严重损害国家声誉的

14. 下列情形中，应按传染病防治失职案立案的是(　　)。

A. 导致甲类传染病传播的

B. 导致乙类、丙类传染病流行的

C. 在国家对突发传染病疫情等灾害采取预防、控制措施后，对发生突发传染病疫情等灾害的地区或者突发传染病病人，未按照预防、控制突发传染病疫情等灾害工作规范的要求做好防疫、检疫、隔离、防护、救治等工作的

D. 在国家对突发传染病疫情等灾害采取预防、控制措施后，拒不执行突发传染病疫情等灾害应急处理指挥机构的决定、命令，造成传染范围扩大或者疫情、灾情加重的

三、判断题

1. 行政执法监督的内容是行政机关及其内设部门、执法人员的行政执法活动。(　　)

2. 同一行政复议案件申请人超过 5 人的，应当推选 1 名以上的代表参加行政复议。(　　)

3. 申请人可以委托一至二名代理人参加行政复议，第三人必须自己参加行政复议。(　　)

4. 申请人申请行政复议应当书面提交申请。( )
5. 对出入境检验检疫机关具体行政行为不服的，向作出该具体行政行为的出入境检验检疫机关的上一级主管部门申请复议。( )
6. 撤回复议申请后，申请人无正当理由再次申请复议的，复议机关可以不予受理。( )
7. 复议机关责令被申请人重新作出具体行政行为的，被申请人不得以同一事实和理由作出与原具体行政行为相同或者基本相同的具体行政行为。( )
8. 行政机关在行政诉讼过程中不提供或者无正当理由逾期提供证据、依据的，法院应当认定该具体行政行为没有证据、依据。( )
9. 以收取检验费等方式代替行政处罚的行为属于行政执法过错行为。( )
10. 间接作出过错行为的工作人员是行政执法过错责任人。( )
11. 集体讨论决定而导致的行政执法过错，决策人为行政执法过错次要责任人。( )
12. 因无法预见的客观因素导致过错行为人的行政执法过错的，可以从轻、减轻或者免除过错行为人的行政执法过错责任。( )
13. 检验检疫行政执法人员实施行政执法行为时，应当出示《行政执法证》。( )
14. 无正当理由不参加《行政执法证》年度审核的或者审核不合格的，应当暂扣行政执法证。( )
15. 犯商检失职罪，处 3 年以下有其徒刑或者拘役。( )
16. 犯动植物检疫徇私舞弊罪，处 5 年以下有其徒刑或者拘役；造成严重后果的，处 5 年以上 10 年以下有其徒刑。( )
17. 犯动植物检疫失职罪，处 3 年以下有期徒刑。( )

四、名词解释

1. 行政复议
2. 商检徇私舞弊罪
3. 商检失职罪
4. 动植物检疫徇私舞弊罪
5. 动植物检疫失职罪
6. 传染病防治失职罪
7. 间接经济损失

五、简答题

1. 行政复议机关应当撤销、变更或者确认具体行政行为违法的情形有哪些？
2. 检验检疫行政执法责任制的主要内容包括哪些？

3. 简述应当暂扣《行政执法证》的情形？

4. 在办理渎职案时，应当属于“致使公共财产、国家和人民利益遭受重大损失”的情形有哪些？

六、参考答案

单选题

1. C（依据《行政复议法》第十条）

2. C（依据《行政复议法》第九条）

3. C（依据《行政复议法》第十七条）

4. A（依据《行政诉讼法》第三十八条）

5. C（依据《行政诉讼法》第四十三条）

6. A（依据《质量监督检验检疫行政执法监督与行政执法过错责任追究办法》第二十四条）

7. C（依据《质量监督检验检疫行政执法监督与行政执法过错责任追究办法》第二十八条）

8. A（依据《质量监督检验检疫行政执法监督与行政执法过错责任追究办法》第三十三条）

9. C（依据《质量监督检验检疫行政执法监督与行政执法过错责任追究办法》第三十五条）

10. A（依据《质量监督检验检疫行政执法监督与行政执法过错责任追究办法》第三十九条）

11. D（依据《质量监督检验检疫行政执法证件管理办法》第十三条）

12. C（依据《刑法》第四百一十二条）

13. B（依据《行政强制法》第七十一条/《刑法》第四百零九条）

多选题

1. ABCD（依据《行政复议法》第十七条）

2. BCD（依据《行政复议法》第二十一条）

3. ABCD（依据《行政诉讼法》第十一条）

4. ABCD（依据《质量监督检验检疫行政执法监督与行政执法过错责任追究办法》第七条）

5. ABCDE（依据《质量监督检验检疫行政执法监督与行政执法过错责任追究办法》第十六条）

6. BCDE（依据《质量监督检验检疫行政执法监督与行政执法过错责任追究办法》第五条、第六条）

7. ABCD（依据《质量监督检验检疫行政执法监督与行政执法过错责任追究办法》第三十一条）

8. ABCD（依据《质量监督检验检疫行政执法监督与行政执法过错责任追究办法》第三十三条）

9. BC（依据《质量监督检验检疫行政执法证件管理办法》第十七条）

10. ABC（依据《最高人民检察院关于渎职侵权犯罪案件立案标准的规定》）

11. ABCD（依据《最高人民检察院关于渎职侵权犯罪案件立案标准的规定》）

12. ACD（依据《最高人民检察院关于渎职侵权犯罪案件立案标准的规定》）

13. ABCD（依据《最高人民检察院关于渎职侵权犯罪案件立案标准的规定》）

14. ABCD（依据《最高人民检察院关于渎职侵权犯罪案件立案标准的规定》）

判断题

1. √（依据第四篇第五章前言）

2. ×（依据《行政复议法实施条例》第八条）

3. ×（依据《行政复议法实施条例》第十条）

4. ×（依据《行政复议法》第十一条）

5. √（依据《行政复议法》第十二条）

6. √（依据《行政复议法实施条例》第三十八条）

7. √（依据《行政复议法》第二十八条）

8. √（依据《最高人民法院关于行政诉讼证据若干问题的规定》第一条）

9. √（依据《质量监督检验检疫行政执法监督与行政执法过错责任追究办法》第二十条）

10. ×（依据《质量监督检验检疫行政执法监督与行政执法过错责任追究办法》第二十一条）

11. ×（依据《质量监督检验检疫行政执法监督与行政执法过错责任追究办法》第二十六条）

12. √（依据《质量监督检验检疫行政执法监督与行政执法过错责任追究办法》第三十二条）

13. √（依据《质量监督检验检疫行政执法证件管理办法》第十条）

14. ×（依据《质量监督检验检疫行政执法证件管理办法》第十五条）

15. √（依据《刑法》第四百一十二条）

16. √（依据《刑法》第四百一十三条）

17. ×（依据《刑法》第四百一十三条）

名词解释

1. 答：行政复议是指行政相对人认为行政主体的具体行政行为侵犯其合法权益，依法向行政复议机关提出复查该具体行政行为的申请，行政复议机关依照法定程序对被申请的具体行政行为进行合法、适当性审查，并作出行政复议决定的一种法律制度。

（依据行政复议概念）

2. 答：商检徇私舞弊罪是指出入境检验检疫机关、检验检疫机构工作人员徇私舞弊，伪造检验结果的行为。

（依据《最高人民检察院关于渎职侵权犯罪案件立案标准的规定》）

3. 答：商检失职罪是指出入境检验检疫机关、检验检疫机构工作人员严重不负责任，对应当检验的物品不检验，或者延误检验出证、错误出证，致使国家利益遭受重大损失的行为。

（依据《最高人民检察院关于渎职侵权犯罪案件立案标准的规定》）

4. 答：动植物检疫徇私舞弊罪是指出入境检验检疫机关、检验检疫机构工作人员徇私舞弊，伪造检疫结果的行为。

（依据《最高人民检察院关于渎职侵权犯罪案件立案标准的规定》）

5. 答：动植物检疫失职罪是指出入境检验检疫机关、检验检疫机构工作人员严重不负责任，对应当检疫的检疫物不检疫，或者延误检疫出证、错误出证，致使国家利益遭受重大损失的行为。

（依据《最高人民检察院关于渎职侵权犯罪案件立案标准的规定》）

6. 答：传染病防治失职罪是指从事传染病防治的政府卫生行政部门的工作人员严重不负责任，不履行或者不认真履行传染病防治监管职责，导致传染病传播或者流行，情节严重的行为。

（依据《最高人民检察院关于渎职侵权犯罪案件立案标准的规定》）

7. 答：间接经济损失是指由直接经济损失引起和牵连的其他损失，包括失去的在正常情况下可以获得的利益和为恢复正常的管理活动或者挽回所造成的损失所支付的各种开支、费用等。

（依据《最高人民检察院关于渎职侵权犯罪案件立案标准的规定》）

简答题

1. 答：（1）主要事实不清、证据不足的；（2）适用依据错误的；（3）违反法定程序的；（4）超越或者滥用职权的；（5）具体行政行为明显不当的。

（依据《行政复议法》第二十八条）

2. 答：全面梳理执法依据；合理分解执法职权；认真确定岗位职责；科学界定执法责任；建立行政执法评议考核机制；认真落实行政执法责任。

（依据检验检疫行政执法责任制的主要内容）

3. 答：超越法定权限或者违反执法程序，尚未造成不良后果的；应当出示而不出示《行政执法证》，被投诉3次以上的；故意损毁、涂改《行政执法证》或者将其转借他人使用，尚未造成不良后果的；参加行政执法业务培训考核不合格的。

（依据《质量监督检验检疫行政执法证件管理办法》第十七条）

4. 答：造成死亡1人以上，或者重伤3人以上，或者轻伤9人以上，或者重伤2人、轻伤3人以上，或者重伤1人、轻伤6人以上的；造成经济损失30万元以上的；造成恶劣社会影响的；其他致使公共财产、国家和人民利益遭受重大损失的情形。

（依据《最高人民检察院关于渎职侵权犯罪案件立案标准的规定》）

第六章　出入境检验检疫行政执法与刑事司法衔接

一、单选题

1. 生产者在产品中掺杂、掺假，以假充真，以次充好或者以不合格产品冒充合格产品，伪劣产品虽尚未销售，但货值金额(　　)以上的；应以生产、销售伪劣产品案予立案追诉。

A. 五万元　　　　B. 十万元

C. 十五万元　　　　D. 二十万元

2. 最高人民检察院、公安部《关于公安机关管辖的刑事案件立案追诉标准的规定》中，“多次”是指(　　)次以上。

A. 二　　　　B. 三

C. 四　　　　D. 五

二、多选题

1. 行政执法机关向公安机关移送涉嫌犯罪案件，应当附有下列材料(　　)。

A. 涉嫌犯罪案件移送书　　　　B. 涉嫌犯罪案件情况的调查报告

C. 涉案物品清单　　　　D. 有关检验报告或者鉴定结论

三、判断题

1. 在认定是否构成生产、销售伪劣产品案时，计算销售金额应包括生产者、销售者出售伪劣产品后所得和应得的全部违法收入。(　　)
2. 在认定是否构成生产、销售伪劣产品案时，货值金额应以违法生产、销售的伪劣产品的销售价格计算。(　　)
3. 生产、销售的食品中，含有可能导致严重食物中毒事故或者其他严重食源性疾患的超标准的有害细菌的，应按生产、销售不符合卫生标准的食品案立案追诉。(　　)
4. 明知是使用盐酸克仑特罗等禁止在饲料和动物饮用水中使用的药品或者含有该类药品的饲料养殖的供人食用的动物，而提供屠宰等加工服务，或者销售其制品的，应按生产、销售有毒、有害食品案立案追诉。(　　)
5. 违反国境卫生检疫规定，引起检疫传染病传播或者有传播严重危险的，应予

立案追诉。(　　)

6. 造成动物疫病传入或者对农、牧、渔业生产以及人体健康、公共安全造成严重危害的其他动物疫病在国内暴发流行的，应按逃避动植物检疫案立案追诉。(　　)

7. 违反国家规定，将境外的固体废物进境倾倒、堆放、处置的，应予立案追诉。(　　)

四、名词解释

1. 以假充真
2. 以次充好

五、简答题

1. 简述擅自进口固体废物案的立案追诉标准。
2. 简述逃避动植物检疫案的立案追诉标准。
3. 简述逃避商检案的立案追诉标准。

六、参考答案

单选题

1. C（依据《关于公安机关管辖的刑事案件立案追诉标准的规定（一）》第十六条）

2. C（依据《关于公安机关管辖的刑事案件立案追诉标准的规定（二）》第八十七条）

多选题

1. ABCD（依据《行政执法机关移送涉嫌犯罪案件的规定》第六条）

判断题

1. √（依据《关于公安机关管辖的刑事案件立案追诉标准的规定（一）》第十六条）

2. ×（依据《关于公安机关管辖的刑事案件立案追诉标准的规定（一）》第十六条）

3. √（依据《关于公安机关管辖的刑事案件立案追诉标准的规定（一）》第十九条）

4. √（依据《关于公安机关管辖的刑事案件立案追诉标准的规定（一）》第十九条）

5. √（依据《关于公安机关管辖的刑事案件立案追诉标准的规定（一）》第五十一条）

6. ×（依据《关于公安机关管辖的刑事案件立案追诉标准的规定（一）》第五十九条）

7. √（依据《关于公安机关管辖的刑事案件立案追诉标准的规定（一）》第六十一条）

名词解释

1. 答：以假充真是指以不具有某种使用性能的产品冒充具有该种使用性能的产品的行为。

（依据《关于公安机关管辖的刑事案件立案追诉标准的规定（一）》第十九条）

2. 答：以次充好是指以低等级、低档次产品冒充高等级、高档次产品，或者以残次、废旧零配件组合、拼装后冒充正品或者新产品的行为。

（依据《关于公安机关管辖的刑事案件立案追诉标准的规定（一）》第十九条）

简答题

1. 答：未经国务院有关主管部门许可，擅自进口固体废物用作原料，造成重大环境污染事故，涉嫌下列情形之一的，应予立案追诉：

（1）致使公私财产损失三十万元以上的；致使基本农田、防护林地、特种用途林地五亩以上，其他农用地十亩以上，其他土地二十亩以上基本功能丧失或者遭受永久性破坏的；

（2）致使森林或者其他林木死亡五十立方米以上，或者幼树死亡二千五百株以上的；

（3）致使一人以上死亡、三人以上重伤、十人以上轻伤，或者一人以上重伤并且五人以上轻伤的；

（4）致使传染病发生、流行或者人员中毒达到《国家突发公共卫生事件应急预案》中突发公共卫生事件分级Ⅲ级以上情形，严重危害人体健康的；

（5）其他致使公私财产遭受重大损失或者严重危害人体健康的情形。

（依据《关于公安机关管辖的刑事案件立案追诉标准的规定（一）》第六十二条）

2. 答：违反进出境动植物检疫法的规定，逃避动植物检疫，涉嫌下列情形之一的，应予立案追诉：

（1）造成国家规定的《进境动物一、二类传染病、寄生虫病名录》中所列的动物疫病传入或者对农、牧、渔业生产以及人体健康、公共安全造成严重危害的其他动物疫病在国内暴发流行的；

（2）造成国家规定的《进境植物检疫性有害生物名录》中所列的有害生物传入或者对农、林业生产、生态环境以及人体健康有严重危害的其他有害生物在国内传播扩散的。

（依据《关于公安机关管辖的刑事案件立案追诉标准的规定（一）》第五十九条）

3. 答：违反进出口商品检验法的规定，逃避商品检验，将必须经商检机构检验的进口商品未报经检验而擅自销售、使用，或者将必须经商检机构检验的出口商品未报经检验合格而擅自出口，涉嫌下列情形之一的，应予立案追诉：

（1）给国家、单位或者个人造成直接经济损失数额在五十万元以上的；

（2）逃避商检的进出口货物货值金额在三百万元以上的；导致病疫流行、灾害事故的；多次逃避商检的；

（3）引起国际经济贸易纠纷，严重影响国家对外贸易关系，或者严重损害国家声誉的；

（4）其他情节严重的情形。

（依据《关于公安机关管辖的刑事案件立案追诉标准的规定（二）》第八十三条）

第三篇

检验检疫相关法律制度

第一章　国内相关法律制度

一、单选题

1. 对限制进口或者出口的技术，实行(　　)管理。

A. 配额　　B. 许可证

C. 配额或者许可证　　D. 配额和许可证

2. 海关估价适用 WTO 规则，将(　　)作为确定完税价格的基础。

A. 成交价格　　B. 合同价格

C. 结算价格　　D. 市场价格

3. 进出口货物的收发货人、进出境物品的(　　)是关税的纳税义务人。

A. 持有人　　B. 承运人

C. 所有人　　D. 代理人

4. 标准的复审周期一般不超过(　　)年。

A. 2　　B. 3

C. 5　　D. 10

5. 对甲类传染病病人和病原携带者，乙类传染病中的艾滋病病人、炭疽中的肺炭疽病人，予以(　　)。

A. 隔离　　B. 隔离检疫

C. 隔离观察　　D. 隔离治疗

二、多选题

1. 下列属于国务院在货物贸易和技术贸易领域内颁布的行政法规有(　　)。

A. 货物进出口管理条例　　B. 技术进出口管理条例

C. 反倾销条例　　D. 反补贴条例

2. 下列可以限制或者禁止进口或者出口的货物、技术是(　　)。

A. 为保护人的健康或者安全，保护动物、植物的生命或者健康，保护环境，需要限制或者禁止进口或者出口的

B. 国内供应短缺或者为有效保护可能用竭的自然资源，需要限制或者禁止出口的

C. 输往国家或者地区的市场容量有限，需要限制出口的

D. 出口经营秩序出现严重混乱，需要限制出口的

3. 下列可以限制或者禁止的国际服务贸易的是(　　)。
A. 为维护国家安全、社会公共利益或者公共道德，需要限制或者禁止的
B. 为保护人的健康或者安全，保护动物、植物的生命或者健康，保护环境，需要限制或者禁止的
C. 为建立或者加快建立国内特定服务产业，需要限制的
D. 为保障国家外汇收支平衡，需要限制的
4. 外汇管理也称外汇管制，指一个国家通过法令形式对所管辖境内的外汇收付(　　)等实行的管理。
A. 买卖　　B. 借贷
C. 转移　　D. 汇价
5. 对外贸易调查可以采取(　　)等方式。
A. 书面问卷　　B. 召开听证会
C. 实地调查　　D. 委托调查
6. 下列属于对外贸易促进措施的是(　　)。
A. 出口信贷　　B. 出口补贴
C. 商品倾销　　D. 外汇倾销
7. 根据《海关法》的规定，海关可以通过(　　)等方式实现关税征管。
A. 限期自主缴纳　　B. 拍卖
C. 强制缴纳　　D. 关税保全
8. 按照标准的适用范围，我国标准分为(　　)。
A. 国家标准　　B. 行业标准
C. 地方标准　　D. 企业标准
9. 生产者的产品质量义务包括(　　)。
A. 保证产品质量的义务
B. 按规定标注产品标识的义务
C. 产品包装质量和标识必须符合要求的义务
D. 不得违反法律的禁止性规范的义务
10. 销售者的产品质量义务包括(　　)。
A. 建立并执行进货检查验收制度的义务
B. 保证销售产品质量的义务
C. 保证销售产品的标识符合法律规定的义务
D. 不得违反法律的禁止性规范的义务
11. 从事动物(　　)等活动的单位和个人发现动物染疫、疑似染疫的，要立即向当地兽医主管部门、动物卫生监督机构或者兽医技术机构报告。
A. 饲养　　B. 屠宰
C. 诊疗　　D. 销售

12. 传染病是指由(　　)等引起的，能在人与人、动物与动物或人与动物之间互相传播的一类疾病。

A. 病源性细菌　　B. 病毒

C. 衣原体　　D. 原虫

13. 传染病预防控制的核心措施是(　　)。

A. 控制传染源　　B. 切断传播途径

C. 保护健康人群　　D. 职业限制

14. 突发公共卫生事件应急工作遵循(　　)的原则。

A. 预防为主、常备不懈　　B. 统一领导、分级负责

C. 反应及时、措施果断　　D. 依靠科学、加强合作

15. 突发公共卫生事件应急报告主体包括(　　)。

A. 县级以上各级人民政府卫生主管部门指定的开展突发事件日常监测的机构

B. 各级各类疾病控制、卫生监督、医疗、保健等与卫生有关的机构

C. 突发事件的发生单位，与群众健康和卫生保健工作有密切关系的机构或者单位

D. 卫生行政主管部门

E. 县级以上地方人民政府

16. 下列属于我国参加的国际环境保护条约的是(　　)。

A.《国际捕鲸公约》　　B.《东南亚及太平洋区植物保护协定》

C.《保护世界文化和自然遗产公约》　　D.《联合国海洋法公约》

三、判断题

1. 中华人民共和国的单独关税区不适用《对外贸易法》。(　　)
2. 对于因滥用知识产权专有权或者优势地位并危害对外贸易公平竞争秩序的行为，国务院对外贸易主管部门可以采取必要措施消除危害。(　　)
3. 对外贸易救济的目的是取消不公平贸易，为那些受激烈进口竞争而严重损害的行业提供一定时期的救济和调整时间。(　　)
4. 进口的产品直接或者间接地接受出口国家或者地区给予的任何形式的专向性补贴，对已建立的国内产业造成实质损害或者产生实质损害威胁，国家应当采取反补贴措施，消除或者减轻这种损害或者损害的威胁或者阻碍。(　　)
5. 进出境运输工具在到达、驶离或经过设立海关的地点时，其负责人必须向海关如实申报、交验单证，接受海关的监管和检查。(　　)
6. 运输工具在进境后向海关申报前，出境时在办结海关后出境前，应按照海关规定的路线行进。(　　)
7. 海关对货物实际进出境阶段的监管制度，主要包括报关制度、查验制度和放行制度。(　　)

8. 在发生纳税争议时，纳税义务人必须先向海关提起行政复议，对复议不服的，可以提起行政诉讼，不能不经复议而直接向人民法院提起诉讼。(　　)
9. 对于有关工业产品的安全、卫生方面的地方标准均属于强制性标准，没有推荐性标准。(　　)
10. 国家标准、行业标准、地方标准和企业产品标准都应执行标准备案制度。(　　)
11. 《动物防疫法》在动物疫病预防方面的措施主要包括强制免疫、疫情监测和预警和动物疫病区域化管理。(　　)
12. 动物疫情由地市级以上兽医主管部门认定，其中重大动物疫情要经过省级以上兽医主管部门认定，必要时由农业部认定。(　　)
13. 按传染病分类管理制度，鼠疫和霍乱作为甲类传染病，属于国家严格管理类的传染病。(　　)
14. 疫区是指传染病在人群中暴发或者流行，其病原体向周围传播时可能波及的地区。(　　)
15. 对环境和自然资源进行开发利用的组织或者个人，有责任对其进行恢复、整治和养护。(　　)

四、名词解释

1. 单独关税区
2. 对外贸易经营者
3. 海关估价
4. 海关事务担保
5. 企业标准
6. 强制性标准
7. 产品召回制度
8. 产品质量监督检查
9. 调运检疫

五、简答题

1. 我国对外贸易工作的原则有哪些？
2. 根据《海关法》的规定，担保人可以用来提供担保的财产、权利有哪些？
3. 制定标准应当遵循哪些原则？
4. 我国的产品质量主要法律制度包括哪些？
5. 哪些情形下企业可以拒绝接受产品质量监督部门的监督抽查？
6. 什么情况下缺陷产品的生产者可以不承担赔偿责任？

六、参考答案

单选题

1. B（依据《对外贸易法》第十九条）
2. A（依据《海关法》第五十五条）
3. C（依据《海关法》第五十四条）
4. C（依据《标准化法实施条例》第二十条）
5. D（依据《传染病防治法》第三十九条）

多选题

1. ABCD（依据对外贸易法律制度/法律体系/行政法规）
2. ABCD（依据《对外贸易法》第十六条）
3. ABCD（依据《对外贸易法》第二十六条）
4. ABCD（依据对外贸易法律制度/外汇管理制度）
5. ABCD（依据《对外贸易法》第三十八条）
6. ABCD（依据对外贸易法律制度/对外贸易促进制度）
7. ACD（依据关税法律制度/关税征管制度/征管方式）
8. ABCD（依据标准化管理体制/标准体制/标准的级别）
9. ABCD（依据产品质量法律制度/生产者、销售者的产品质量义务）
10. ABCD（依据产品质量法律制度/生产者、销售者的产品质量义务）
11. ABC（依据《动物防疫法》第二十六条）
12. ABCD（依据传染病防治法律制度/概念）
13. ABC（依据传染病防治的基本原则/非歧视原则）
14. ABCD（依据突发公共卫生事件应急法律制度/基本原则）
15. ABCDE（依据突发公共卫生事件应急主要制度/报告与信息发布制度）
16. ABCD（依据环境保护法律体系/我国参加的国际环境保护条约）

判断题

1. √（依据《对外贸易法》第六十九条）
2. √（依据《对外贸易法》第三十一条）
3. √（对外贸易秩序的维护/对外贸易救济）
4. ×（依据《对外贸易法》第四十三条）
5. √（依据《海关法》第十四条）
6. ×（依据《海关法》第十五条）
7. √（依据海关监管法律制度/现场管理制度）
8. √（依据《海关法》第六十四条）
9. √（依据《标准化法》第七条）
10. ×（依据《标准化法》第六条）

11. √（依据动物防疫的基本制度/动物疫病预防制度）

12. ×（依据《动物防疫法》第二十七条）

13. ×（依据传染病分类管理制度）

14. √（依据《传染病防治法》第七十八条）

15. √（依据环境保护基本原则）

名词解释

1. 答：单独关税区指一个国家之中的某一部分在贸易上保持单独税率或特别贸易规范的特定领土。

（依据对外贸易法律制度/调整范围）

2. 答：对外贸易经营者是指依法办理工商登记或者其他执业手续，依照本法和其他有关法律、行政法规的规定从事对外贸易经营活动的法人、其他组织或者个人。

（依据对外贸易管理制度/对对外贸易经营者的管理）

3. 答：海关估价是指海关对应缴纳进出口关税的进口或出口货物的完税价格的审查确认。

（依据关税法律制度/海关估价制度）

4. 答：海关事务担保是在办理特定海关事务时，经海关同意由进出境活动当事人或海关认可的第三人以向海关缴纳保证金或提交保函等方式，保证在一定期限内履行其承诺的义务的法律行为。

（依据海关事务担保法律制度/概述）

5. 答：企业标准是指企业所制定的产品标准和在企业内需要协调、统一的技术要求和管理、工作要求所制定的标准。

（依据标准体制/标准的级别）

6. 答：强制性标准是国家要求必须强制执行的标准，即标准所规定的技术内容和要求必须执行，不允许以任何理由或方式加以违反、变更。

（依据标准体制/标准的级别）

7. 答：产品召回制度是指生产企业的产品存在设计缺陷、制造缺陷、指示缺陷，并已经进入流通领域、消费领域，为避免缺陷产品危及人身安全及财产损失，生产企业及时将缺陷产品从流通、消费领域收回，予以退货、维修，或者销毁，并承担相关费用的制度。

（依据我国产品质量主要法律制度/产品召回制度）

8. 答：产品质量监督检查是指国务院产品质量监督部门及地方各级产品质量监督部门依据国家有关法律、法规和规章的规定，以及政府赋予的行政职能，代表政府对生产、流通领域的产品实施的具有监督性质的质量检查活动。

（依据产品质量监督制度/产品质量监督检查制度）

9. 答：调运检疫是植物检疫机构对植物及其产品在调运时实施检疫检验和检疫处理，防止危险性病、虫随植物及其产品传播蔓延的重要措施。

（依据植物检疫的基本制度/调运检疫）

简答题

1. 答：统一的对外贸易制度原则；公平、自由的对外贸易秩序原则；货物与技术贸易的自由进出口原则；平等互利、互惠对等的原则。

（依据对外贸易法律制度/基本原则）

2. 答：人民币、可自由兑换货币；汇票、本票、支票、债券、存单；银行或者非银行金融机构的保函；海关依法认可的其他财产、权利。

（依据《海关法》第六十八条）

3. 答：应当有利于保障安全和人体健康，保护消费者的利益，保护环境；应当有利于合理利用国家资源，推广科学技术成果，提高经济效益，并符合使用要求，有利于产品的通用互换，做到技术上先进、经济上合理；应当做到有关标准的协调配套；应当有利于促进对外经济技术合作和对外贸易；应当发挥行业协会，科学研究机构和学术团体的作用。

（依据标准的制定/制定标准的原则）

4. 答：重要工业产品生产许可证制度；产品质量监督检查制度；企业质量体系认证和产品质量认证制度；奖惩制度；产品召回制度；损害赔偿制度。

（依据我国产品质量主要法律制度）

5. 答：抽样人员少于2人；抽样人员姓名与《产品质量国家监督抽查通知书》不符；抽样人员未携带《产品质量国家监督抽查通知书》或有效身份证件；被抽查企业与《产品质量国家监督抽查通知书》不符；抽样人员事先通知被抽样企业的。

（依据产品质量监督制度/产品质量监督抽查制度）

6. 答：（1）未将产品投入流通。即生产者生产的产品虽然经过了加工制作，但是尚未销售。

（2）产品投入流通时，引起损害的缺陷尚不存在。即生产者将产品投放市场，转移到销售商或者直接出售给购买者时，产品不存在缺陷。

（3）产品投入流通时的科学技术水平尚不能发现缺陷的存在。

（依据《产品质量法》第四十一条）

第二章　世界贸易组织法律框架及有关协定

一、单选题

1. 世界贸易组织代替关贸总协定，主要是由于关贸总协定在组织机构和运行机制上已不适应世界经济的发展和现状，下面哪一项不是两者的主要区别(　　)？

A. 从严格的法律意义上讲，是否是一个具有国际法人资格的意义的国际组织

B. 两者的管辖的范围

C. 两者的争端解决机制及决策程序方面

D. 两者的基本原则

2. 在《建立世贸组织协定》的序言部分，下面哪一项不是世界贸易组织确立的宗旨(　　)？

A. 提高生活水平，保证充分就业，大幅度稳步地提高实际收入和有效需求

B. 扩大货物、服务的生产和贸易

C. 保护和维护环境

D. 大力推进贸易自由化，开放国内市场，禁止使用非关税措施

3. 请找出下面哪个机构不是世界贸易组织的组织机构(　　)。

A. 总理事会　　B. 部长会议

C. 成员大会　　D. 秘书处与总干事

4. 在乌拉圭回合谈成的重要法律文件中，下面哪一项不属于多边货物贸易协议(　　)？

A. 政府采购协议　　B. 实施卫生与植物卫生措施协定

C. 装运前检验协议　　D. 原产地规则协议

5. 不具备原始成员国资格的国家或单独关税区，可以向世贸组织申请加入。有关加入的决定应由部长级会议作出、部长级会议应以世贸组织成员的(　　)以上多数批准关于加入条件的协议。

A. 1/2　　B. 2/3

C. 3/4　　D. 全部

6. 任何成员均可退出世贸组织协定，并在世贸组织总干事收到书面退出通知之日起(　　)期满后生效。

A. 1 个月　　B. 3 个月
C. 6 个月　　D. 1 年

7. TBT 协定又称为(　　)。
A. 实施卫生与植物卫生措施协定　　B. 技术性贸易壁垒协定
C. 关贸总协定　　D. 双边自由贸易协定

8. 我们通常所说的国际贸易技术壁垒的三要素是 TBT 协定的核心内容，下面(　　)不是其中的内容。
A. 技术法规　　B. 标准
C. 合格评定程序　　D. 科学依据

9. 世贸组织取代了(　　)成为协调世界经贸关系的国际性组织。
A. 世界银行　　B. 国际货币基金
C. 关贸总协定　　D. 多边贸易组织

10. 中国在 2001 年的(　　)会议上被接纳为世贸组织成员。
A. 多哈　　B. 坎昆
C. 东京　　D. 乌拉圭

11. 世贸组织是(　　)的国际经济组织。
A. 非约束性　　B. 非法人资格
C. 具有法人资格　　D. 隶属于联合国

12. (　　)可以向世贸组织提出申请加入。
A. 地区性组织　　B. 单独关税区
C. 地方政府　　D. 特殊关税区

13. 世贸组织免除某一成员义务须经(　　)通过。
A. 总干事　　B. 全体成员方
C. 3/4 以上多数　　D. 半数成员方

14. 争端解决机构隶属于(　　)之下。
A. 各委员会　　B. 货物贸易委员会
C. 部长级会议　　D. 总理事会

15.《实施动植物卫生检疫措施的协议》是世界贸易组织货物贸易法律体系的重要组成部分，通常简称为(　　)协议。
A. WTO　　B. TBT
C. SPS　　D. WHO

16. 为广泛协调世界贸易组织成员所实施的 SPS 措施，各成员应根据现行的(　　)标准制定本国的 SPS 措施。
A. 国际标准　　B. 国家标准
C. 行业标准　　D. 地方标准

17. 世界贸易组织成员应确保任何 SPS 措施都应是以(　　)为基础的。

A. 国际标准　　B. 科学原理

C. 风险分析　　D. 法规透明

18. 根据TBT协议附录三《关于标准的制定、采纳和实施的良好行为守则》中规定，标准化机构应至少每(　　)一次出版一个工作大纲。

A. 六个月　　B. 三个月

C. 一个月　　D. 一年

二、多选题

1. 作为基本职能之一，WTO应协调与(　　)的关系，以保障全球经济决策的一致性。

A. 国际货币基金组织　　B. 关税及贸易总协定

C. 世界银行　　D. 联合国粮农组织

2. WTO与GATT* 之间的区别是(　　)。

A. WTO是永久性的正式的国际组织，具有法律人格

B. WTO调整的经贸关系领域远宽于GATT

C. WTO是统一的多边贸易管理机构，要求一揽子接受

D. WTO具有健全的机构体系和更广泛的代表性

3. 世贸组织的主要机构有(　　)。

A. 部长会议　　B. 总理事会

C. 各专门委员会　　D. 关贸总协定

4. WTO的具体职能中包括（　　）。

A. 协调与国际经济组织的关系　　B. 组织实施各项贸易协定、协议

C. 调解贸易争端　　D. 为成员提供多边贸易场所

5. 关于世界贸易组织决策办法为（　　）。

A. “协商一致”的原则　　B. 发达国家成员决定

C. 投票表决　　D. 发展中国家成员确定

6. 技术法规合格评定程序是指任何直接或间接用以确定是否满足技术法规或标准中的相关要求的程序，包括(　　)或上述程序的组合。

A. 抽样、检验和检查　　B. 评估验证和合格保证

C. 注册认可和批准程序　　D. 使用范围确认

7. SPS措施是指世界贸易组织成员为保护人类、动物和植物的生命或者健康而采取的卫生与植物卫生措施，这些措施包含(　　)。

A. 保护成员方国民生命免受食品和饮料中的添加剂、污染物、毒素以及外来动植物病虫害传入危害的措施

* GATT为关税及贸易总协定（General Agreement on Tariffs and Trade）的简称。

B. 防止外来病虫害传入成员方造成危害的措施
C. 保护成员方植物的生命免受外来病虫害传入危害的措施
D. 保护成员方动物的生命免受饲料中的添加剂、污染物、毒素及外来病虫害传入危害的措施

8. 以下属于技术性贸易壁垒（TBT）协定的合法目标的是(　　)。

A. 维护国家基本安全　　B. 保护环境
C. 保证出口产品质量　　D. 保护动植物生命或者健康

9. SPS 协议的制定是为了解决贸易自由化主张与(　　)所引起的阻碍作用这对矛盾。

A. 关税壁垒　　B. 技术贸易壁垒
C. 动植物检疫　　D. 卫生检疫

三、判断题

1. 关税总协定是一个长期固定的多边贸易机构。(　　)
2. 世界贸易组织期望通过达成互惠互利的安排，切实降低关税和其他贸易壁垒。(　　)
3. 世界贸易组织具有法人资格。(　　)
4. 世界贸易组织是联合国的专门机构，隶属于联合国体系。(　　)
5. 世界贸易组织由秘书处履行部长会议在闭会期间的职责。(　　)
6. 不具备原始成员方资格的国家或单独关税区，可以向世贸组织申请加入。有关加入的决定应由部长级会议作出。部长级会议应以世贸组织成员的 1/2 多数批准关于加入条件的协议。(　　)
7. 认证和认可是两种典型的合格评定程序。(　　)
8. TBT 协定对发展中国家成员给予判别待遇和更优惠的待遇。(　　)
9. 世界贸易组织成员在制定和实施 SPS 措施时，应以国家标准为依据。(　　)
10. 实施没有国际标准的 SPS 措施时，或实施的 SPS 措施与国际标准的内容有实质不同时，并且可能限制或潜在地限制出口国的产品出口时，进口国要向出口国及早发出通知，并作出解释；在没有相关国际标准的情况下，采取 SPS 措施必须根据有害生物风险分析的结果。(　　)
11. 发展中国家提出请求后，可有时限地免除其在 SPS 协定项下的全部或部分义务。(　　)

四、名词解释

1. WTO
2. TBT 协定
3. 技术法规

4. 标准
5. 合格评定程序
6. SPS 协定

五、参考答案

单选题

1. C（依据世界贸易组织及其法律框架概述）
2. D（依据世界贸易组织及其法律框架概述/世界贸易组织的宗旨）
3. C（依据世界贸易组织及其法律框架概述/世界贸易组织的组织结构与职能）
4. A（依据世界贸易组织及其法律框架概述/世界贸易组织的法律框架）
5. B（依据世界贸易组织及其法律框架概述/世贸组织成员的加入与退出）
6. C（依据世界贸易组织及其法律框架概述/世贸组织成员的加入与退出）
7. B（依据技术贸易壁垒协定/技术性贸易壁垒协定产生背景）
8. D（依据技术贸易壁垒协定/关于技术法规、标准和合格评定程序）
9. C（依据世界贸易组织及其法律框架概述/世贸组织产生的背景）
10. A（依据中国加入世贸组织的常识性知识）
11. C（依据世界贸易组织及其法律框架概述/世界贸易组织的法律地位）
12. B（依据世界贸易组织及其法律框架概述/世贸组织成员的加入与退出）
13. C（依据世界贸易组织及其法律框架概述/世界贸易组织的决策机制）
14. C（依据世界贸易组织及其法律框架概述/世界贸易组织的组织结构与职能）
15. C（依据实施卫生与植物卫生措施协定/概念）
16. A（依据实施卫生与植物卫生措施协定/制定和实施 SPS 措施应遵循的规则）
17. B（依据实施卫生与植物卫生措施协定/制定和实施 SPS 措施应遵循的规则）
18. A（依据技术贸易壁垒协定/信息的公开与交流）

多选题

1. AC（依据世界贸易组织及其法律框架概述/世界贸易组织的法律地位）
2. ABCD（依据世界贸易组织及其法律框架概述）
3. ABC（依据世界贸易组织及其法律框架概述/世界贸易组织的组织结构与职能）
4. ABCD（依据世界贸易组织及其法律框架概述/世界贸易组织的组织结构与职能）
5. AC（依据世界贸易组织及其法律框架概述/世界贸易组织的决策机制）
6. ABC（依据技术贸易壁垒协定/关于技术法规、标准和合格评定程序）
7. ABCD（依据实施卫生与植物卫生措施协定/概念）
8. ABCD（依据技术性贸易壁垒协定/技术性贸易壁垒协定的主要内容）
9. BC（依据实施卫生与植物卫生措施协定/SPS 协定产生的背景）

判断题

1. ×（依据世界贸易组织及其法律框架概述/世贸组织产生的背景）
2. √（依据世界贸易组织及其法律框架概述/世界贸易组织的宗旨）
3. √（依据世界贸易组织及其法律框架概述/世界贸易组织的法律地位）
4. ×（依据世界贸易组织及其法律框架概述/世界贸易组织的法律地位）
5. ×（依据世界贸易组织及其法律框架概述/世界贸易组织的组织结构与职能）
6. ×（依据世界贸易组织及其法律框架概述/世贸组织成员的加入与退出）
7. √（依据技术性贸易壁垒协定/关于技术法规、标准和合格评定程序）
8. √（依据技术性贸易壁垒协定/TBT 协定对发展中国家的照顾）
9. ×（依据实施卫生与植物卫生措施协定/制定和实施 SPS 措施应遵循的规则）
10. √（依据实施卫生与植物卫生措施协定/制定和实施 SPS 措施应遵循的规则）
11. √（依据实施卫生与植物卫生措施协定/发展中国家享有的特殊和差别待遇）

名词解释

1. 世界贸易组织（World Trade Organization，WTO），是根据“乌拉圭回合”多边贸易谈判达成的协议，于 1995 年 1 月 1 日开始运行，取代成立于 1947 年的关贸总协定。世界贸易组织是独立于联合国的永久性国际组织，是当代最重要的国际经济组织之一。

（依据世界贸易组织及其法律框架概述）

2. TBT 协定指的是技术性贸易壁垒协定（Agreement on Technical Barriers to Trade）。为保护人类、动植物的生命和健康，缔约方可以对贸易采取所必需的措施，为规范这类措施的使用，关贸总协定（GATT）东京回合通过了《TBT 协定（1979）》。世界贸易组织乌拉圭回合谈判在此同名协议的基础上进行修改和补充，最终达成一个新的多边贸易协定——《技术性贸易壁垒协定》。

（依据技术性贸易壁垒协定/技术性贸易壁垒协定产生背景）

3. 技术法规是指强制执行的有关产品的性能、特征或相关的工艺和生产方法以及如何适用的规定。

（依据技术性贸易壁垒协定/关于技术法规、标准和合格评定程序）

4. 标准是指为了在一定范围内获得最佳秩序，经协商一致制定并由公认机构批准，共同使用的和重复使用的一种规范性文件。

（依据技术性贸易壁垒协定/关于技术法规、标准和合格评定程序）

5. 合格评定程序是指任何直接或间接用以确定是否满足技术法规或标准中的相关要求的程序，包括抽样、检验和检查；评估验证和合格保证；注册认可和批准程序；或上述程序的组合。

（依据技术性贸易壁垒协定/关于技术法规、标准和合格评定程序）

6. SPS 协定即《实施卫生与植物卫生措施协议》，是指世界贸易组织成员为保护人类、动物和植物的生命或健康而采取的卫生与植物卫生措施。

（依据实施卫生与植物卫生措施协定/概念）